novas buscas em psicoterapia

VOL. 31

Dados Internacionais de Catalogação na Publicação (CIP)
Câmara Brasileira do Livro, SP, Brasil

Calil, Vera Lúcia Lamanno.
Terapia familiar e de casal / Vera Lúcia Lamanno Calil. - 10. ed - São Paulo : Summus, 2018. (Novas buscas em psicoterapia. Série B, Novas Buscas; v. 31)

Bibliografia.
ISBN 978-85-323-0288-5

1. Famílias com problemas 2. Psicoterapia da família 3. Psicoterapia de casal I. Título II. Série

CDD-158.24
-616.89156
NLM-WM 430

87-0975

Índices para catálogo sistemático:

1. Casal: Psicoterapia: Medicina   370.15
2. Família: Relações interpessoais: Psicologia   158.24
3. Psicoterapia de família   616.89156
4. Psicoterapia de casal: Medicina   616.89156
5. Terapia familiar: Técnicas: Medicina   616.89156

www.summus.com.br

Compre em lugar de fotocopiar.
Cada real que você dá por um livro recompensa seus autores
e os convida a produzir mais sobre o tema;
incentiva seus editores a encomendar, traduzir e publicar
outras obras sobre o assunto;
e paga aos livreiros por estocar e levar até você livros
para a sua informação e o seu entretenimento.
Cada real que você dá pela fotocópia não autorizada de um livro
financia o crime
e ajuda a matar a produção intelectual de seu país.

Terapia familiar e de casal

Vera L. Lamanno Calil

summus editorial

TERAPIA FAMILIAR E DE CASAL
Copyright © 1987 by Vera Lúcia Lamanno Calil
Direitos desta edição reservados por Summus Editorial

Capa: **Léa W. Storch**

1ª reimpressão, 2023

Summus Editorial
Departamento editorial
Rua Itapicuru, 613 – 7º andar
05006-000 – São Paulo – SP
Fone: (11) 3872-3322
http://www.summus.com.br
e-mail: summus@summus.com.br

Atendimento ao consumidor
Summus Editorial
Fone: (11) 3865-9890

Vendas por atacado
Fone: (11) 3873-8638
e-mail: vendas@summus.com.br

Impresso no Brasil

NOVAS BUSCAS EM PSICOTERAPIA

Esta coleção tem como intuito colocar ao alcance do público interessado as novas formas de psicoterapia que vêm se desenvolvendo mais recentemente em outros continentes.

Tais desenvolvimentos têm suas origens, por um lado, na grande fertilidade que caracteriza o trabalho no campo da psicoterapia nas últimas décadas, e, por outro, na ampliação das solicitações a que está sujeito o psicólogo, por parte dos clientes que o procuram.

É cada vez maior o número de pessoas interessadas em ampliar suas possibilidades de experiência, em desenvolver novos sentidos para suas vidas, em aumentar sua capacidade de contato consigo mesmas, com os outros e com os acontecimentos.

Estas novas solicitações, ao lado das frustrações impostas pelas limitações do trabalho clínico tradicional, inspiram a busca de novas formas de atuar junto ao cliente.

Embora seja dedicada às novas gerações de psicólogos e psiquiatras em formação, e represente enriquecimento e atualização para os profissionais filiados a outras orientações em psicoterapia, esta coleção vem suprir o interesse crescente do público em geral pelas contribuições que este ramo da Psicologia tem a oferecer à vida do homem atual.

NOVAS BUSCAS EM PSICOTERAPIA
SÉRIE B: NOSSAS BUSCAS

Nossas Buscas deseja se constituir num espaço aberto a ser preenchido por publicações de autores nacionais. Sem negar as dimensões universais dos problemas humanos, que independem de contingências históricas e culturais, Nossas Buscas quer deter-se sobre a maneira específica como está acontecendo entre nós a psicoterapia.

Sem se negar a autores mais antigos e mais publicados, aspira privilegiar as gerações de psicoterapeutas formados nestes últimos vinte anos. Tais gerações são oriundas das anteriores. Devem-lhes muito. É necessário que paguem esta dívida. Sobretudo, andando com as próprias pernas, pensando com a própria cabeça. Transformando em frutos o que receberam em gérmen.

Sem se tornar um veículo de modas, Nossas Buscas pretende fazer com que a atualidade em psicoterapia seja mais perceptível. Com seus erros e acertos. Facilitar a passagem do que vem para passar, possibilitar a fixação do que vier para ficar. Nossas Buscas é um desafio aos psicoterapetuas que estão em atuação.

Cresce o número de pessoas que procuram a psicoterapia. Para tentar resolver suas dificuldades e para ampliar suas possibilidades de viver. A estas pessoas se dedica, e se oferece como fonte de informação esta série B: Nossas Buscas em Psicoterapia.

Entre a obra e a musa
só existe a unidade
onde a musa é a própria obra.

Agradecimentos

Sou muito grata ao CNPq pela ajuda financeira, sem a qual não teria concluído meus estudos em terapia familiar e de casal, durante minha estada na Inglaterra.

Meus agradecimentos a Barbara Dale e Mike Wilkins, do Departamento de Pais e Crianças da Clínica Tavistock — Londres, pelo carinho com que me introduziram ao modelo de terapia familiar sistêmica. Minha gratidão a Diana Daniel e Evelyn Cleavely, supervisoras do "Institute of Marital Studies" da Clínica Tavistock — Londres. Faço aqui um agradecimento especial ao meu co-terapeuta Stan Ruszinsky e a todos os profissionais que participaram do "Marital Workshop".

Estou também grata a Christopher Clulow, Diretor do "Institute of Marital Studies", por sua boa vontade em discutir minhas idéias.

Além desses, gostaria de fazer aqui uma menção especial a Ieda Porchat por sua amizade e por suas valiosas críticas e sugestões.

Meus agradecimentos ao Departamento de Psicologia Médica e Psiquiatria da FCM — UNICAMP, principalmente ao Setor de Adolescentes pelo interesse no meu trabalho, ao retornar ao Brasil.

Finalmente, sou muito grata aos meus pais e à minha família, Saíde e Thiago, sem cuja compreensão e encorajamento constantes não teria tido condições de me dedicar a este trabalho.

Índice

Prefácio 11

Introdução 13

PARTE I — FAMÍLIA E TERAPIA FAMILIAR

Capítulo 1 — O Modelo Sistêmico 17
Capítulo 2 — A Terapia Familiar Estrutural 34
Capítulo 3 — A Terapia Estratégica Breve 50
Capítulo 4 — O Grupo de Milão 60
Capítulo 5 — Esquema Comparativo das Terapias Estrutural, Estratégica Breve e a do Grupo de Milão 72
Capítulo 6 — A Abordagem Psicanalítica 75
Capítulo 7 — As Abordagens Psicodinâmicas 101

PARTE II — CASAMENTO E TERAPIA DE CASAL

Capítulo 8 — O Modelo Psicanalítico 117
Capítulo 9 — Breve Descrição sobre Outras Abordagens em Terapia de Casal 135

PARTE III — CONSIDERAÇÕES FINAIS

Capítulo 10 — Aplicação de Alguns Conceitos Sistêmicos e Psicanalíticos em Famílias de Adolescentes Apresentando Distúrbios Psicossomáticos 145
Capítulo 11 — Ortodoxia na Prática da Terapia de Família e de Casal 163

Prefácio

Conhecemo-nos em Londres, Vera Calil e eu, em um *workshop* sobre "o Método de Milão", no *London Institute of Family Therapy*. Lembro-me que, após a simpatia inicial me chamou a atenção, em Vera, a pertinência e a acuidade de suas perguntas no decorrer do *workshop*. Mais tarde, em inúmeros papos sobre terapia de família e de casal, sobre casos que víamos em ambos os nossos cursos, essa boa primeira impressão ampliou-se.

Há, em primeiro lugar, em Vera, um profundo comprometimento com essas formas de atendimento. Vera, privilegia, definitivamente, no tratamento, o indivíduo em seu contexto familiar. Alia-se a essa, por assim dizer, verdadeira vocação para tratar de famílias, um largo conhecimento sobre o complexo campo da terapia familiar.

Vera Calil fez na Tavistock Clinic a sua formação como terapeuta de família e de casal. Em realidade, residiu oito anos em Londres, tendo inúmeras oportunidades para aí aperfeiçoar-se. Trabalhou, por exemplo, durante todo um ano, em uma comunidade para toxicômanos. Alia pois, a seu interesse e conhecimento sobre famílias, outras áreas de conhecimentos vinculadas a problemáticas que podem surgir na família. E também sua formação inicial como enfermeira psiquiátrica é, de certo, uma variável a mais no enriquecimento de seu trabalho em famílias com membros psicóticos.

A autora nos apresenta neste livro um painel amplo das diversas abordagens em terapia de família e casal. Ela o faz de modo sucinto, porém, focalizando os aspectos mais importantes das diversas escolas. Por outro lado, coloca a questão da possibilidade de integrarem-se em diferentes escolas. Em outras palavras levanta a possibilidade de trabalhar-se fora de um único modelo, como ponto de referência rígido e fixo, para a compreensão da dinâmica e intervenção na família. Acena com um ecletismo produtivo, aquele que servindo-se de um instrumental variado e adequado, equipa melhor o terapeuta para as suas intervenções. Essa perspectiva de Vera apenas reflete o que muitos terapeutas no mundo todo estão a pensar e a fazer, sobretudo aqueles que se filiam à abordagem sistêmica no tratamento de famílias.

Embora teoria e técnica formem uma unidade e a última costume derivar da primeira, a técnica adquire, a meu ver, um valor próprio e pode igualmente servir a outros quadros referenciais teóricos. Em outras palavras, são as necessidades com as quais um terapeuta se defronta que o farão decidir-se sobre o instrumental a usar. O bom terapeuta deve antes estar mais atento e mais livre, para agir com o que sabe e com o que tem à sua disposição, do que permanecer amarrado ao quadro teórico-técnico ao qual se filia.

Ao propor-se essa perspectiva, não se ignoram, por certo, as contradições ou incoerências em que se poderia cair no uso eclético do instrumental que se tem à disposição. Esse é um risco, no entanto, que deve ser enfrentado, não no sentido de evitar-se a possibilidade de integração, mas sim, no de levar o terapeuta a pesquisar a forma rica e produtiva de certas combinações técnicas.

Vera acena também com encaixes teóricos. As teorias que buscam explicar a dinâmica e patologia na família podem, eventualmente, complementar-se em certos aspectos: o terapeuta pode, por exemplo, enriquecer sua apreensão da família de que trata usando simultaneamente dois modelos para compreendê-la.

Conhecendo amplamente as duas principais abordagens em terapia de família, a sistêmica e a psicanalítica e tentando trabalhar apoiando-se em ambas, Vera sai do campo da disputa entre elas e enriquece o seu trabalho.

Este é um livro que fazia falta em nosso meio. Desejamos que ele possa ser útil a quem se interesse pelo campo.

Ieda Porchat

Introdução

Os vários anos de trabalho com família e casal, durante os quais tentei ampliar conhecimentos práticos e teóricos tanto na linha sistêmica como psicanalítica, foram ricos mas também conflitivos. Apesar de recente, essa modalidade terapêutica possui já inúmeras contribuições, as quais muitas vezes, por apresentarem-se de forma intensamente distintas, podem gerar uma certa perplexidade ou até mesmo confusão para aqueles que estão motivados a enveredar pela área.

Acho que, como forma de aliviar o conflito causado pela minha motivação em ampliar meus conhecimentos em linhas de pensamentos que pareciam irreconciliáveis, propus-me a escrever um livro. Talvez na tentativa de esclarecer melhor, para mim mesma, conceitos fundamentais aparentemente contraditórios, à medida que os fosse elaborando através da escrita, com a intenção de compartilhá-los com outros.

Espero transmitir através deste trabalho não só noções básicas sobre terapia familiar e de casal e como elas podem ser reconciliadas de forma harmoniosa mas, sobretudo, a idéia de um trabalho constantemente em evolução.

Espero, ainda, que este livro sirva de estímulo para quem se interessa por esta nova maneira de entender as relações humanas e suas implicações.

PARTE I

FAMÍLIA E TERAPIA FAMILIAR

Relationship are both something more and something other than what the individuals bring into them.

Watzlawick, 1979.

CAPÍTULO 1

O modelo sistêmico

Todas as partes de um organismo formam um circuito. Portanto, toda parte é começo e fim.

Hipócrates

1.1 — PRINCÍPIOS BÁSICOS

A idéia central dessa escola é ser o "doente", ou membro sintomático, apenas um representante circunstancial de alguma disfunção no sistema familiar. Tradicionalmente o distúrbio mental se engendra e se manifesta por força de conflitos internos; tem a sua origem no próprio indivíduo. O modelo sistêmico, por outro lado, enfatiza o distúrbio mental como a expressão de padrões inadequados de interação no interior da família.

Mas, em que se fundamenta a terapia familiar sistêmica para justificar essa concepção? Basicamente, na Teoria Geral dos Sistemas desenvolvida inicialmente por Von Bertallanfy nos anos 40 e na ramificação dessa teoria, a cibernética.

Com base na teoria de Von Bertallanfy (1972), a família pode ser considerada como um sistema aberto, devido ao movimento de seus membros *dentro* e *fora* de uma interação uns com os outros e com sistemas extrafamiliares (meio ambiente — comunidade), num fluxo recíproco constante de informação, energia e material. A família tende também a funcionar como um sistema total. As ações e comportamentos de um dos membros *influenciam* e simultaneamente são *influenciados* pelos comportamentos de todos os outros.

Esse conceito põe em relevo certas propriedades dos sistemas abertos, fundamentais para a compreensão da organização e funcionamento da família. Destaca primeiramente a idéia de *globalidade*, ou seja, toda e qualquer parte de um sistema está relacionada de tal modo com as demais partes que, *mudança* numa delas provocará mudança nas demais e, conseqüentemente, no sistema total. Isto é, um sistema comporta-se não como simples conjunto de elementos independentes, mas como um todo coeso, inseparável e interdependente. Dessa maneira, "distúrbio mental", quando aparece, é parte integral das interações recíprocas entre os membros da família que operam como um sistema total.

A segunda propriedade dos sistemas é o conceito de *retroalimentação* ou *feedback*. Se as partes de um sistema não se somam umas às outras, nem estão unilateralmente relacionadas, já que a noção de globalidade contradiz esses tipos de relações, então, de que maneira estão unidas? Unem-se através de uma relação circular. A retroalimentação e a circularidade são o modelo causal para uma teoria de sistemas interacionais, ao qual pertence o sistema familiar. Melhor explicando, a família, segundo o modelo sistêmico, pode ser encarada como um circuito de retroalimentação, dado que o comportamento de cada pessoa afeta e é afetado pelo comportamento de cada uma das outras pessoas.

O conceito central dessa nova epistemologia é a idéia de circularidade em oposição à idéia de causalidade linear. A doença mental, que tradicionalmente é pensada em termos lineares, históricos ou causais, seja dentro do modelo médico, seja do psicodinâmico, passa a ser considerada, com bases no modelo sistêmico, dentro da concepção de circularidade. Nesta concepção todos os elementos de um dado processo (no caso da família, os membros em interação) movem-se juntos. A descrição do processo é, então, feita em termos de relações, informações e organização entre esses membros.

No modelo clássico da ciência pura, a causalidade é considerada linear. Causa e efeito são compreendidos quando as variáveis são alteradas gradualmente até que se isole o que produz um evento específico. Contrariamente a essa noção de causa e efeito, a Teoria Geral dos Sistemas formula que nós não encontramos essa ordem clara e nítida de causa e efeito, sem que a imponhamos artificialmente. Por exemplo, uma família pode considerar a agressividade de João como a causa dos problemas dela, mas a agressividade de João pode ser uma resposta à fuga da mãe, que por sua vez pode ser uma resposta à postura autoritária do pai em relação a João e assim por diante. O conceito de causalidade circular afirma, portanto, que um todo não possui começo nem fim e qualquer tentativa por parte do terapeuta de transferir responsabilidade para onde o problema começou é tão inapropriado como a atitude da família de atirar sobre o membro sintomático a culpa de ser a fonte dos problemas.

É a cibernética, entretanto, que oferece subsídios para melhor entender as propriedades de retroalimentação e circularidade do sistema familiar. Deve-se sobretudo a Gregory Bateson (1972), antropólogo e um dos pioneiros na compreensão do funcionamento da família, a introdução de alguns conceitos da cibernética no entendimento da comunicação patológica e de sua manutenção no interior da família. Para Bateson, a família poderia ser análoga a um sistema homeostático ou cibernético. Cada família desenvolve formas básicas, específicas de transações, ou seja, uma seqüência padronizada de comportamentos, de caráter repetitivo, que garantem a organização familiar e que permitem um mínimo de previsibilidade sobre a forma de agir de seus membros. Considera-se que essas formas padronizadas e repetitivas de se comportar na família são governadas por regras. Regras que não são na sua maioria verbalizadas, mas que podem ser inferidas a partir da observação das qualidades das transações na família. Regras que em parte são vinculadas aos valores de nossa cultura, mas que em grande medida se originam das vivências psicológicas do casal. Às vezes, elas representam simplesmente repetição de vivências que o casal teve em suas respectivas famílias de origem.

A família pode, então, ser vista como um sistema que se autogoverna através de regras, as quais definem o que é e o que não é permitido. Estabiliza-se, equilibra-se em torno de certas transações que são a concretização dessas regras. O sistema familiar oferece resistência a mudanças além de um certo limite, mantendo, tanto quanto possível, os seus padrões de interação — sua homeostasia. Existem padrões alternativos disponíveis dentro do sistema, mas qualquer desvio que vá além do seu limite de tolerância aciona mecanismos que restabelecem o padrão usual. O mecanismo utilizado na família para restabelecimento da homeostase é denominado retroalimentação negativa, ou *feedback* negativo.

Por exemplo, a adolescência de um ou mais membros da família desequilibra o sistema. Nessa fase de desenvolvimento, a família terá que modificar o que é e o que não é permitido em relação ao adolescente. Se, no entanto, a tolerância do sistema familiar às mudanças é muito limitada, pode-se impor ao adolescente mais lealdade para com a família, acarretando-lhe inclusive sentimentos de culpa, graças à tentativa de manter inalterados os usuais padrões de interação. O *feedback* negativo terá, então, a função de manter o equilíbrio — a homeostasia do sistema familiar.

A essa concepção de a família ser um sistema homeostático opôs-se a noção de coerência, elaborada por Paul Dell (1982). Para esse autor a família, como qualquer outro ser vivo, pode ser conceitualizada como uma entidade evolutiva capaz de transformações súbitas. Esses dois paradigmas de explicação do funcionamento da família, aparentemente contraditórios — um estático, mantendo o *status quo* familiar (homeostase) e outro evolutivo, que conduz a

19

família a *transformações* em seus padrões de interação —, sofreram no decorrer do tempo certa integração, e hoje parecem aceitos como momentos alternantes do funcionamento do ciclo de vida familiar.

Ao lado da necessidade de se manter estável, a estrutura familiar precisa também adaptar-se a mudanças. Por exemplo, quando a família absorve um novo membro, este precisa adaptar-se às regras do sistema, ao mesmo tempo em que o sistema anterior terá que se modificar para incluí-lo. Essa tendência de manter padrões antigos exerce sobre o novo membro certa pressão, que pode levá-lo a aumentar suas exigências, até que o sistema familiar encontre um novo equilíbrio, diferente do existente anteriormente à absorção do novo membro. O mecanismo que leva o sistema familiar à transformação de seus padrões de transação é denominado *feedback* positivo.

Há uma série de eventos, tais como a introdução de um novo membro na família, nascimento ou casamento, a perda por morte ou separação, a entrada de um filho na adolescência etc., que exigem reorganização nas formas de transação, a fim de se estabelecer novo equilíbrio que garanta a sobrevivência da família.

É importante ressaltar neste momento que estabilidade ou equilíbrio do sistema familiar não significam necessariamente sanidade, significam apenas um modo de interação que permite a sobrevivência da família. A família pode também equilibrar-se em torno de padrões disfuncionais.

Quando existem obstáculos à transformação, ou seja, quando existe dificuldade de se reorganizar um novo equilíbrio na família, vê-se freqüentemente que as transações existentes eram disfuncionais. É em geral na ocasião dos eventos marcantes do ciclo de vida familiar que a disfunção vem à tona. E, muitas vezes, é nessas ocasiões que o terapeuta familiar é procurado.

Um sistema familiar disfuncional mantém rigidamente o seu *status quo* interacional, mesmo quando uma mudança em suas regras é essencial para o desenvolvimento de seus membros ou para a adaptação a novas condições extrafamiliares. Vamos tomar o exemplo de uma família cujo pai precisa ser hospitalizado e a mãe necessita fazer-lhe companhia, deixando, portanto, o cuidado da casa e dos filhos mais novos à filha mais velha. Nesse caso, vemos que a família se organizou, se reequilibrou ao redor de um evento novo. Entretanto, assim que o pai se restabelecer a mãe deverá retornar ao papel de esposa e mãe. Se, no entanto, a família não se reorganizar a partir dessa nova mudança e a filha continuar no papel de mãe para os irmãos e talvez para a própria mãe ou mesmo para o pai, temos aí rigidez para transformação.

Homeostasia e *Transformação* são, portanto, os processos básicos de manutenção da família e, por isso, é importante ressaltar brevemente o desenvolvimento de tais conceitos.

O conceito de homeostasia foi cunhado pela primeira geração de teóricos da terapia familiar sistêmica, mediante a observação de intensa obstinação em relação a mudanças nos padrões de interação da família, mesmo quando isso significava a melhora de um ente amado. Além disso, foi observado que, se o membro sintomático apresentava melhoras, subseqüentemente um outro membro da família apresentava algum outro sintoma.

Foi Don Jackson (1968), supervisor clínico e consultor psiquiátrico do projeto sobre comunicação desenvolvido por Bateson e seus colegas, quem primeiro utilizou o termo homeostasia familiar. Servindo-se de conceitos utilizados na cibernética, Jackson descreveu a família como um sistema fechado de informações no qual variações no comportamento de um membro provocaria, através de um processo de *feedback*, modificação corretiva na resposta dada pelo sistema. Em outras palavras, quando uma pessoa apresenta mudança em relação a outra, esta outra atuará sobre a primeira de forma a diminuir e modificar a mudança que foi apresentada. Entretanto, a não aplicação desse conceito a fenômenos de crescimento, mudança e criatividade na família, leva à elaboração do conceito de transformação, igualmente subsidiado pelo campo da cibernética.

O conceito de transformação significa que o sistema deve mudar sua estrutura, e isso se faz possível através de *feedback* positivo. Melhor explicando, na manutenção de um sistema familiar está presente uma cadeia de *feedback* negativa — que não promove mudanças. Por outro lado, na transformação de um sistema familiar deverá existir seqüência de *feedback* positivo, no sentido de ampliar desvios nos padrões rígidos e imutáveis de interação que a família quer manter. Esse conceito envolve a noção de que somente quando um membro da família, ou algum evento, faz com que haja um desvio das normas da família, o sistema familiar pode produzir novas informações e evoluir para novas estruturas. Dessa maneira, o comportamento sintomático enfatizado até então por Don Jackson e seus colegas, como mantenedores da homeostasia familiar, passa também a ser considerado como desvio que pode levar à desorganização do sistema e sua subseqüente mudança.

1.2 — FAMÍLIA E ORGANIZAÇÃO SOCIAL

Ao conceituarmos famílias, faz-se necessário avaliarmos também os processos interacionais *dentro de* e *entre* todos os níveis de organização social. O sistema da família nuclear participa de um processo de influência recíproca com outros sistemas humanos (a família extensa, trabalho, escola, subculturas religiosas, raciais etc.) e pode ser considerado como subsistema de um supra-sistema (comunidade). Além disso, a família nuclear possui também sua própria suborganização — os subsistemas.

No interior de uma família nuclear intacta encontramos os subsistemas dos pais, dos esposos, dos filhos e dos irmãos. Cada um desses subgrupos possui tarefas específicas dentro da família. Por exemplo, cabe aos cônjuges funcionarem juntos no que concerne a tomar decisões, preencher necessidades de interdependência — sexuais e muitas outras necessidades que um casal possua. Ao subgrupo composto pelos pais, juntos, e através de um relacionamento individual com cada um dos filhos, cabe ensinar cuidados físicos, ensinar relações familiares tais como desenvolvimento de amor, respeito à individualidade, solidariedade, desenvolvimento das características psicológicas de cada sexo e reflexões sobre os sentimentos de inveja e ciúme. Cabe também aos pais ensinar atividades produtivas e recreativas, ensinar o desenvolvimento profissional, e como formar e consolidar uma nova família.

O subsistema dos filhos, por outro lado, envolve apoio mútuo e o brincar e competir entre os irmãos. Além disso, com o início da alfabetização os filhos começam a transmitir aos pais ensinamentos trazidos da escola. Tal situação se amplia na escola secundária e também através de participação em outros ambientes, nos quais os adolescentes vão aprendendo noções relacionadas com o progresso científico. A partir da primeira juventude, a relação ensino-aprendizagem se dá igualmente entre pais e filhos, como é de praxe em todo relacionamento humano.

Cada família, no entanto, possui organização e estrutura específicas dependendo da forma como seus subsistemas interagem entre si e com os sistemas comunitários. As interações que ocorrem entre os subsistemas, seja no interior da família, seja entre a família e o meio ambiente, dão-se, contudo, nos limites ou fronteiras de cada subsistema. Considera-se que cada subsistema da família tem características específicas quanto à sua natureza e funções, as quais estão vinculadas aos valores de nossa sociedade e cultura.

Cada subsistema possui uma delimitação própria, um contorno próprio que se desenvolve na dependência de suas interações ou trocas com os demais subsistemas familiares. Para que se mantenham as características e diferenciação de cada subsistema, as fronteiras que os delimitam têm que ser respeitadas. As fronteiras garantem essa diferenciação.

Os subsistemas existentes no interior da família poderão exercer suas tarefas específicas quando houver *permeabilidade* nas fronteiras que os delimitam. Se não houver permeabilidade, a interação ou troca não é possível e o sistema empobrece por falta de informação. A ausência de permeabilidade na fronteira existente entre a família e o meio ambiente é característica, por exemplo, das famílias de esquizofrênicos, onde as trocas com o meio ambiente são, via de regra, escassas. São famílias fechadas ao contato externo.

Por outro lado, se houver *permeabilidade total* nas fronteiras, não há diferenciação entre as partes envolvidas e ocorrerá perda de identidade dos subsistemas envolvidos. Famílias de esquizofrênicos também nos fornecem exemplos dessa situação. Em seu interior, sobretudo entre mãe e filho, é freqüente o estado de indiferenciação, confusão de papéis e ausência de autonomia.

O estado ideal das fronteiras é, portanto, a *semipermeabilidade*, que permite trocas ao mesmo tempo em que garante diferenciação dos subsistemas e dos membros que os compõem. Na apresentação da terapia familiar estrutural discutiremos com mais detalhes o conceito de fronteiras.

1.3 — FAMÍLIA E CONFLITO

Diferenças individuais quanto às percepções e necessidades são qualidades inerentes a relacionamentos. Cada indivíduo ocupa uma posição única no mundo, no que diz respeito à sua composição genética, temperamento, história, idade e associação com os diversos sistemas sociais. Cada pessoa é fonte de percepções, crenças e necessidades únicas num determinado momento. Essas diferenças intrínsecas nas percepções, crenças e necessidades do indivíduo em contexto relacional formam, no entanto, as bases do *conflito na família*.

Uma família *funcional* conta com forte aliança entre os pais, que lidam com seus conflitos através de colaboração e satisfação mútua de suas necessidades. Os cônjuges são flexíveis em sua maneira de lidar com o conflito, utilizando diferentes métodos em momentos diferentes. Podem, por exemplo, discutir um ponto de divergência para achar novas alternativas, diferentes daquelas postuladas por cada um deles com relação ao conflito. Podem chegar a uma solução em concordância mútua, ou mesmo se revezar, dependendo do assunto e do momento, para que seja alcançada uma relação igualitária.

Além disso, em suas funções de pais existe o apoio da autoridade de cada um dos cônjuges com relação aos filhos. Os pais podem discordar abertamente quanto a assuntos relacionados à educação dos filhos, mas essa discórdia não inclui o filho no papel de "juiz".

Em qualquer relacionamento duradouro — seja ele relacionamento marital, relacionamento entre pai e filho, a família como um todo, ou relacionamento da família com outros sistemas sociais — podemos, contudo, encontrar estilos persistentes de conflitos submersos e, portanto, não resolvidos. Conflitos submersos no casamento podem, por exemplo, levar à distância emocional e à solidão, à disfunção física ou psicológica de um dos cônjuges ("o paciente") com uma hiperfunção correspondente por parte do outro cônjuge, "o que cuida" e "toma conta"; envolvimento triangular de uma pessoa extrafamiliar no conflito marital, como uma aventura amorosa; um terapeuta ou a polícia e/ou um envolvimento triangular de uma ou mais crianças no conflito marital, geralmente resultando numa disfunção na criança.

Encontramos, freqüentemente, em famílias disfuncionais o envolvimento de uma ou mais crianças no conflito marital, o que serve geralmente para distrair a atenção dos pais de um conflito não resolvido. A criança triangulada torna-se, então, emaranhada, fundida com um ou ambos os pais, e as fronteiras generacionais são rompidas. Tipicamente, os pais e a criança tornam-se altamente reativos emocionalmente uns com os outros, existe uma excessiva dependência mútua, e a autonomia dos pais e da criança é severamente limitada. É importante ressaltar que a criança não é uma vítima passiva da situação.

Green (1981) nos fornece um sumário elegante de formas específicas de triangulação da criança com a família:

a — *A criança superprotegida.* Os pais se unem para eliciar disfunção (incompetência física ou psicológica) na criança, que se torna então o receptáculo de proteção, cuidados e preocupação excessiva dos pais. A aparente "doença" ou "fraqueza" da criança desvia a atenção dos pais de seus conflitos conjugais. E os *pais unidos* "ajudam" a incompetência ou disfunção da criança.

b — *O bode expiatório.* Os pais e a criança se unem para eliciar um comportamento de *acting out* por parte da criança, geralmente agressão, atuação sexual, não acomodação às regras e/ou irresponsabilidade. A criança torna-se, então, o alvo de tentativas agressivas por parte dos pais, para reformar, disciplinar, punir e controlá-la. A aparente "ruindade" da criança desvia a atenção dos pais do conflito marital, na medida em que os pais se unem para controlar e reformar a criança "ruim".

c — *Competição entre os pais.* Neste caso, a criança é pressionada agressiva ou sedutoramente a tomar partido no conflito marital, freqüentemente para decidir quem está certo ou errado no conflito. O que quer que a criança diga ou faça, ela é vista por um dos pais como sendo leal e, pelo outro, como sendo desleal. A criança passa a acreditar que estar próxima de um dos pais significa também estar alienada em relação ao outro. Além disso, os pais desvalorizam ou anulam a autoridade um do outro com relação à criança. Tipicamente, os pais se revezam encarando a criança ou como sendo "má", e necessitando ser "punida", ou como sendo "doente" e necessitada de "cuidados". Cada um dos pais, contudo, possui opinião oposta em momentos diferentes. Nesses casos, a coalisão *cross-generacional* altera constantemente, de mãe-criança para pai-criança e vice-versa. Entretanto, não existe uma aliança parental forte em relação à educação da criança.

d — *Coalisão* cross-generacional *rígida.* Neste padrão de triangulação, um dos pais e a criança formam um pacto especial, pelo qual existe uma aliança consistente entre eles contra a outra figura parental. A autoridade do pai/mãe periférica é constantemente desvalorizada, enquanto a coalisão entre a outra figura parental e a criança domina a vida familiar. O pai periférico pode se distanciar cada vez mais da vida familiar ou, então, competir com a criança pela atenção do outro, mas quase nunca consegue possuir *status* dentro da família. Por outro lado, um pai hiperenvolvido pode formar com a criança um relacionamento semelhante ao de "cônjuge", com alto nível de dependência mútua e baixo nível recíproco de autonomia. Nesses casos, freqüentemente encontramos inversão de papéis, ou seja, a criança como uma figura parental para seu pai ou sua mãe.

1.4 — FAMÍLIA E COMUNICAÇÃO

A teoria da comunicação elaborada com base em pesquisas desenvolvidas por Gregory Bateson, Jay Haley, Don Jackson e Weakland é uma outra dimensão fundamental da teoria sistêmica familiar. Os pesquisadores estavam a princípio interessados em estudar a comunicação em seus aspectos mais amplos, dando especial enfoque aos seus paradoxos. No decorrer do projeto, chegaram à conclusão de que, especialmente no que diz respeito à comunicação humana, não existe uma *mensagem simples.* Pelo contrário, as pessoas constantemente enviam e recebem uma multiplicidade de mensagens, através de canais verbais e não-verbais, e essas mensagens necessariamente modificam ou capacitam umas às outras (Weakland, 1976). Esse conceito enfatiza então que, quando duas ou mais pessoas interagem, elas constantemente reforçam e estimulam o que está sendo dito e feito, de tal forma que o padrão de comunicação dos participantes de uma interação define o relacionamento entre eles. Dessa maneira, padrões típicos quanto às regras, reações circulares e redundâncias na utilização da linguagem ocorrem na comunicação entre pessoas.

De acordo com essas formulações, a importância de uma mensagem não está, então, vinculada somente a uma questão de *signifi-*

cado, mas à *influência* que ela exerce no comportamento, nas atitudes das pessoas em interação. Padrões de comunicação podem ser tão constantes que, quando ocorre qualquer mudança inesperada, existe uma contradição trazendo-a de volta ao usual.

Jackson (1968) descreve três modalidades básicas de comunicação entre duas pessoas: a complementar, a simétrica e a recíproca.

Essas modalidades de comunicação são baseadas nos ciclos de interação auto-reforçadores observados por Bateson (1935) na Sociedade Iatmul, na Nova Guiné. Nessa sociedade, Bateson observou que as ações de A provocaram uma resposta de B que, por sua vez, causavam uma resposta ainda mais intensa por parte de A. Esses ciclos foram esquematizados como pertencentes a duas categorias. Uma dessas categorias foi denominada por Bateson como "simétrica", significando que os comportamentos de escalação de A e B eram essencialmente caracterizados por igualdade e minimização da diferença, como ocorre no caso de rivalidade e competição. O outro tipo foi chamado "complementar"; devido ao fato de as ações autogeradoras basearem-se essencialmente na maximalização da diferença, como acontece, por exemplo, no ciclo de dominância-submissão ou ajuda-dependência. O tipo de distúrbio marital resultante de uma interação, na qual um dos cônjuges é extremamente dominador e o outro muito complacente, é ilustração típica de comunicação complementar.

Jackson (1968) reconhece que tanto a comunicação simétrica como a complementar podem ser encontradas em interações saudáveis, mas podem também tornar-se rígidas e produzir distúrbios. Uma escalação simétrica, se levada a extremos, pode resultar em rejeições mútuas constantes. Essa escalação, quando patológica, finaliza somente quando um ou ambos os parceiros se tornam física ou emocionalmente exaustos o tempo necessário para que possam tomar fôlego e, então, recomeçar a cadeia de rejeição recíproca. Watzlawick *et al.* (1967) analisam os argumentos estereotipados de George e Martha na peça "Quem tem medo de Virgínia Wolf?", escrita por Edward Albee, como exemplo típico desse padrão de comunicação.

Uma seqüência rigidamente complementar é, por outro lado, exemplificada por casais sadomasoquistas, embora seja comum em muitos outros tipos de distúrbios maritais. Essa forma de comunicação é tida como mais patogênica do que a outra, por causa da constante desconfirmação do Eu de ambos os cônjuges. Cada um deles precisa "encaixar" a definição do seu Eu de tal modo que complementará o Eu do outro. Essa modalidade de interação pode ser eficaz se um dos parceiros estiver temporariamente doente ou dependente do outro, mas quando é estabelecida rigidamente não permite mudanças e crescimento.

As comunicações simétrica e complementar possuem, ambas, um potencial patológico. Numa interação simétrica saudável os parceiros são capazes de se aceitar mutuamente tais quais são, levando ao respeito mútuo e à confiança no respeito do outro, o que equivale a uma confirmação realista e recíproca de seu respectivo Eu. Quando uma relação simétrica se desintegra, sugere Watzlawick *et al.* (1985), habitualmente observa-se a rejeição mais do que a desconfirmação do Eu do outro. Por outro lado, nas comunicações complementares pode haver a mesma confirmação recíproca, salutar e positiva. Mas as patologias das relações complementares são muito diferentes e tendem a equivaler mais à desconfirmação do que à rejeição do Eu do outro. Portanto, esta última é mais importante sob o ponto de vista patológico do que as lutas mais ou menos abertas nas relações simétricas. Para Jackson (1968) uma mistura equilibrada das relações simétrica e complementar, ou seja, uma interação recíproca é preferível, pois permite mais flexibilidade. Essas duas modalidades básicas de interação devem, portanto, estar presentes em mútua alternação ou operação em diferentes áreas.

Qual seria, então, o mecanismo que permite alteração de uma modalidade de comunicação para outra?

Em suas pesquisas antropológicas, Bateson observou uma variável de importância crítica na sociedade Iatmul: a intensa rivalidade entre os diversos clãs. Na ausência de qualquer estrutura hierárquica para resolução de conflitos, o equilíbrio de potências existentes entre os vários clãs deveria ser mantido. Se qualquer clã tivesse uma pequena vantagem, essa deveria ser neutralizada antes que uma escalação fosse iniciada e ficasse fora de controle. Ou seja, uma escalação simétrica deveria ser substituída por uma complementar. Como esta é incompatível com a primeira, essa substituição eficazmente impede o desenvolvimento de uma escalação simétrica e mantém o *status quo* da sociedade. Por outro lado, a manutenção de complementaridade pode levar ao desenvolvimento de escalação simétrica, mantendo dessa maneira um ciclo auto-regulador. Quando, no entanto, a alteração de escalação simétrica para complementar e vice-versa não é capaz de controlar o escalonamento de hostilidade e a genuidade entre os clãs, pode ocorrer uma divisão na sociedade. Como foi observado por Bateson, nos Iatmul, todas as vezes que as tensões aumentam acima do limite, um grupo poderá desligar-se do resto para formar sua própria tribo. As tendências dos Iatmul de se expandirem através de proliferação de pequenas ramificações, cada uma delas assemelhando-se à sociedade original, mas não conectada a ela, são, no entanto, o mecanismo através do qual a sociedade sobrevive. Mecanismos de auto-regulação que não provocam mudanças mas somente mantêm o *status quo* podem ser uma faca de dois gumes, pois implicam num enfraquecimento do grupo devido à perda de flexibilidade. Isso significa que cada padrão de comunicação pode estabilizar o outro sempre que um desequilíbrio ocorre em um deles, e também que não só é possível, mas necessário um relacionamento simétrico em algumas áreas e complementar em outras. Os mecanismos auto-reguladores podem também provocar enfraquecimento da díade ou do grupo, necessitando, portanto, que ocorram mudanças de outra ordem, mudanças que favoreçam transformação do sistema. Nos Iatmul, ocorre transformação quando há o aparecimento de uma nova tribo.

À medida que essas idéias foram sendo elaboradas, o projeto de comunicação liderado por Gregory Bateson ampliou seu campo de investigação, estendendo-se para a área clínica. Foi então examinada a comunicação em famílias que apresentavam um membro esquizofrênico, especialmente pacientes adultos jovens e seus pais. Dessa pesquisa advém o conceito de "vínculo duplo", que poderia também ser traduzido como coação dupla, entrave, impasse, controle ou nó.

Resumidamente, esse conceito implica em que toda mensagem possui dois níveis de comunicação: o *nível de relatório* que envolve a informação enviada e o *nível metacomunicativo* que envolve a transmissão da mensagem sobre a informação. Esses dois níveis podem ser congruentes ou incongruentes. Por exemplo, a mãe que exige que seu filho pare de brincar com a caixa de fósforos, ao mesmo tempo em que tem em sua face uma expressão feliz e relaxada, está se comunicando com o filho de tal forma que a mensagem metacomunicada (transmitida pelo seu olhar feliz e relaxado) contradiz a mensagem relatada (o desejo de que o filho pare de brincar com a caixa de fósforos). A contradição nesses dois níveis de comunicação leva à confusão e imobilidade. A criança fica na incerteza sobre a qual dos dois níveis de mensagem transmitida por sua mãe deverá responder.

Para que o vínculo duplo resulte em sério distúrbio, ele precisa ocorrer no contexto de um relacionamento que seja significante para ambos os participantes, e no qual é vitalmente importante que se discrimine claramente que tipo de mensagem está sendo comunicado. É necessário que sejam constantemente transmitidas mensagens em dois níveis diferentes, sendo que um desses níveis nega o outro. O indivíduo que recebe essas mensagens deve ser incapaz de comentar sobre a contradição existente entre elas. Dessa maneira, não haverá discriminação correta, mas duas mensagens e subseqüente decisão sobre a qual das mensagens responderá.

No artigo intitulado "Toward a theory of schizophrenia", Bateson e seus colegas (1956) fornecem um exemplo claro de interação entre mãe e filho, que coloca o último num vínculo duplo.

A mãe apresenta um comportamento afetivo, um convite à aproximação e a criança então reage a esse convite tornando-se mais próxima de sua mãe. Essa aproximação do filho, no entanto, gera ansiedade na mãe pelo seu temor de uma relação excessivamente íntima. Ela necessita, portanto, se distanciar do filho, mas não consegue aceitar esse seu ato hostil em relação à criança. Ela então nega sua hostilidade e, simulando afeição, diz: "Vá para a cama, filho. Você está muito cansado". Essa comunicação tem na verdade a intenção de negar um sentimento que poderia ser comunicado da seguinte maneira: "Saia da minha frente, pois estou cheia de você".

Se, no entanto, a criança discriminar os sinais metacomunicativos da mensagem enviada pela mãe, terá que encarar o fato de que sua mãe não a quer e que, por detrás da atitude afetiva, sua mãe a está na verdade enganando. Portanto, a criança seria "punida" ao discriminar corretamente a mensagem emitida por sua mãe. É melhor então aceitar a idéia de que está cansada, do que admitir que sua mãe a está enganando.

Aceitar o amor simulado da mãe como sendo real não oferece, contudo, solução à criança. A falsa discriminação leva o filho a se aproximar da mãe, o que provoca nela ansiedade, medo e necessidade de rejeitá-lo. Por outro lado, se a criança se distancia de sua mãe, esta pode perceber essa atitude como confirmação de sua hostilidade e rejeição, levando-a a "punir" o filho, ou então, a simular afetividade. A criança então se aproxima da mãe, mas esta coloca-a à distância.

Resumindo, o filho é punido se discriminar corretamente a mensagem da mãe e é também punido caso discrimine incorretamente. Essa criança está presa num vínculo duplo.

Para escapar dessa situação o pai pode ser solicitado, mas não é capaz de intervir na relação mãe-filho e de apoiar a criança face às contradições utilizadas. Ele está também numa posição difícil, pois, se concordar com o filho sobre a atitude enganosa da mãe, terá que reconhecer também a natureza de seu próprio relacionamento com ela. Além disso, mães que apresentam as características de personalidade acima descritas sentem-se ameaçadas por qualquer outra relação íntima que a criança tente estabelecer, seja com a professora, mãe de um amigo, avó ou outra. Geralmente esses relacionamentos são rompidos e é oferecido ao filho uma maior aproximação, e quando ele se torna dependente de sua mãe, o vínculo duplo é novamente estabelecido.

De acordo com Bateson e seus associados, o esquizofrênico é fruto dessa modalidade de comunicação. Fruto de um contexto relacional ameaçador, confuso e imobilizante, levando o indivíduo constantemente a confundir o *literal* e o *metafórico*. O único caminho encontrado pelo membro de uma família envolvida por longo período nesse tipo de comunicação pode ser o que leva à esquizofrenia, onde sua confusão pode ser expressa sem medo de atacar diretamente aquele que o ataca.

1.5 — O MODELO SISTÊMICO E AS ESCOLAS PRINCIPAIS

Em 1952, Gregory Bateson recebe auxílio financeiro para estudar comunicação humana em Palo Alto, Califórnia, no Hospital VA, onde trabalhava como etnologista. As primeiras duas pessoas convidadas para trabalhar nesse projeto de pesquisa foram Jay Haley e John Weakland. Em 1954, Don Jackson, supervisor do programa dos residentes em psiquiatria do hospital, começou também a participar do projeto de comunicação como consultor psiquiátrico e supervisor clínico.

O trabalho de Bateson, como vimos anteriormente, é central para o desenvolvimento das noções sistêmicas com relação ao comportamento humano. Talvez a melhor demonstração disso esteja nos artigos "The cybernetics of the self", uma teoria sobre alcoolismo, e "Towards a theory of schizophrenia", onde descreve o conceito de vínculo duplo.

Pode-se então dizer que Bateson, antropólogo, e Jackson, psiquiatra, foram os primeiros a desenvolver conceitos sistêmicos em relação ao comportamento humano, com a assistência e colaboração de Haley e Weakland.

Em 1959, à medida que o projeto de Bateson começava a definhar e à medida que o movimento de terapia familiar estava se tornando nacionalmente conhecido, Jackson fundou o Mental Research Institute (MRI). O projeto de Bateson só terminou oficialmente em 1962, mas durante esses três anos de coexistência não houve nenhuma ligação formal entre o projeto e o MRI, embora tenha existido intercâmbio constante de idéias e pessoal entre os dois projetos. Tanto que, ao término da pesquisa em comunicação, Haley se vincula ao MRI.

Em 1959, ocorre outro evento importante para o movimento da terapia familiar. Virginia Satir muda-se de Chicago para Palo Alto. Em Chicago, Virginia trabalhava no Instituto de Psiquiatria de Chicago e, na Califórnia, vincula-se ao Mental Research Institute colocando-se, portanto, no centro do movimento de terapia familiar.

Guerin (1976) acredita que a habilidade de Satir em sintetizar idéias, sua criatividade em ensinar técnicas e seu carisma contribuíram fundamentalmente para o desenvolvimento da terapia familiar. Seu trabalho com famílias está elegantemente apresentado nos livros *Conjoint Therapy* e *People Making*. Em meados de 1960, contudo, Satir e Haley deixam o MRI. Virginia torna-se diretora de uma importante unidade para atendimento familiar nos EUA, enquanto Haley muda-se para a Filadélfia a fim de colaborar com Minuchin no desenvolvimento da *terapia familiar estrutural*, na Philadelphia Child Guidance Clinic.

Minuchin começa a fazer parte do movimento de terapia familiar em meados dos anos 60, pesquisando e clinicando entre famílias de classe social baixa com filhos delinqüentes, na Escola Wiltury, em Nova York. No final dos anos 60, ele assume a diretoria da Philadelphia Child Guidance Clinic, convidando para trabalhar em sua equipe Haley, Bráulio Montalvo e Bernice Rosman. Outros adeptos do movimento da terapia familiar passam mais tarde a integrar a equipe de Minuchin, tais como Harry Aponte— assistente social apontado em meados de 1970 para suceder Minuchin na diretoria da Clínica, e que se tornou um especialista no trabalho com famílias menos favorecidas — e Ron Leibman — psiquiatra infantil, que habilidosamente vem desenvolvendo as idéias de Minuchin na área da medicina psicossomática.

Podemos dizer que, adicionando aos conceitos sistêmicos formulados por Bateson e Jackson as noções estratégicas de Haley, Minuchin elaborou uma abordagem teórica e clínica concreta e simples, considerada como a orientação mais amplamente utilizada atualmente no campo da terapia familiar. Mais recentemente, Haley deixou a Child Guidance Clinic e vem desenvolvendo a terapia familiar estratégica, ampliando o trabalho iniciado por Milton Erickson. A morte de Don Jackson e a saída de Satir e Haley em um espaço de tempo relativamente curto tiveram conseqüências relevantes para o MRI. Imediatamente após a morte de Jackson, o Instituto debilitou-se e só mais recentemente, sob a liderança de Watzlawick, Weakland e Fish voltou a ser reconhecido internacionalmente.

Os três clínicos, Watzlawick, Weakland e Fish, baseando-se nas idéias de Bateson, Jackson e Haley, e no pensamento lógico de Watzlawick, apresentaram uma monografia intitulada *Change* — tratado sobre o conceito de mudança em relação a sistemas humanos e à *terapia familiar estratégica breve*.

Em 1968, as idéias do grupo de Bateson passam a interessar uma psiquiatra infantil da Itália, Mara Selvini Pallazolli, que estava trabalhando há muitos anos com crianças anoréxicas. Desencorajada com os resultados de seu trabalho e impressionada com a literatura sobre terapia familiar apresentada pela equipe de Palo Alto, Pallazolli decide descartar os elementos do pensamento psicanalítico e adotar uma orientação puramente sistêmica.

Pallazolli organiza então o "Instituto para os Estudos da Família de Milão" e, após um processo inicial seletivo, o grupo passa a ser composto por mais três psiquiatras: Luigi Boscolo, Giuliana Prata e Gianfranco Cecchin. Essa equipe, trabalhando por um período de dez anos, desenvolve como fruto de seus estudos e dados clínicos uma abordagem familiar sistêmica, utilizada não só com famílias de anoréxicos, mas também com famílias de crianças que apresentavam distúrbios emocionais severos.

O primeiro livro de Pallazolli, *Self Starvation*, publicado em 1974, nos Estados Unidos, documenta a trajetória da sua abordagem terapêutica. Mas, só na última parte do livro ela descreve sua mudança do modelo psicanalítico para a epistemologia cibernética, formulada pelo Grupo de Bateson. Um segundo livro, *Paradox and Counterparadox*, publicado também nos Estados Unidos em 1978, foi escrito pelos Associados de Milão (como eles mesmos se identificam) e é atualmente a mais compreensiva descrição de seus trabalhos e métodos.

No decorrer desses quase 20 anos de atividade clínica, o Grupo de Milão, embora influenciado pelo Grupo de Palo Alto, evoluiu para uma direção diferente da elaborada por Watzlawick e seus colegas, criando uma abordagem terapêutica e teórica suficientemente distinta para ser considerada uma Escola com características próprias. Na Europa, onde essa abordagem despertou grande interesse, principalmente em alguns psicólogos, psiquiatras e assistentes sociais do Departamento de Crianças e Pais da Tavistock Clinic, Londres, o termo "terapia sistêmica" foi utilizado para descrever a Escola. Mais recentemente essa abordagem terapêutica tem sido mencionada, mesmo na Europa, como sendo a Escola ou Grupo de Milão, numa tentativa de diferenciá-la das demais, uma vez que a terapia estratégica de Haley, a comunicacional de Satir, a estrutural de Minuchin e a estratégica breve do Grupo do MRI são também fundamentadas na teoria sistêmica.

Descreveremos neste livro as abordagens *Estrutural, Estratégica Breve* e do *Grupo de Milão* por acreditarmos serem as que mais significantemente representam o pensamento sistêmico aplicado à família. Existem mais semelhanças entre elas do que divergências, pelo fato de todas elas terem como alicerce o mesmo corpo teórico. Cada uma delas, entretanto, dá mais ênfase a algumas formulações teóricas específicas. A terapia estrutural, por exemplo, enfatiza a organização social existente no sistema familiar, enquanto a estratégica breve acentua os padrões de comunicação e como eles definem relacionamentos humanos. O Grupo de Milão, por outro lado, dá importância aos componentes paradoxais existentes nos conceitos de transformação e homeostase do sistema familiar. Dessa maneira, principalmente na Europa, encontramos cada vez mais uma abordagem sistêmica eclética, visando a integração dos enfoques acima mencionados, já que, ao invés de se contradizerem, eles se complementam.

BIBLIOGRAFIA

Bateson, G. (1935), *Naven*, Stanford University Press, Califórnia, 1958 (ed. rev.).

Bateson, G.; Jackson, D.; Haley, J. e Weakland, J. (1956), "Toward a theory of schizophrenia", em *Behavioral Science*, 1, 251-54.

Bateson, G. (1972), *Steps to an Ecology of mind*, Ballantine Books, Nova York.

Dell, P. (1982), "Beyond homeostasis: toward a concept of coherence", em *Family Process*, 21:21-41.

Green, R. J. e Framo, J. (1981), *Family Therapy — Major Contributions*, International Universities Press, Nova York.

Guerin, D. P. (1976), "Family Therapy: the first twenty five years", em *Family Therapy* (ed.), P. J. Guerin, Gardner Press, Nova York.

Jackson, D. D. (1968), *The Mirages of Marriage*, W. W. Norton, Nova York.

Von Bertallanfy, L. (1972), "General systems theory: a critical review", em *Systems Behaviour* (ed.), Beishon H. e Peters G., Open University Press, Londres.

Watzlawick, P.; Beavin, J. H. e Jackson, D. D. (1985), *Pragmática da Comunicação Humana*, Ed. Cultrix, São Paulo.

Weakland, J. (1976), "Comunication theory and clinical change", em *Family Therapy* (ed.), P. J. Guerin, Gardner Press, Nova York.

CAPÍTULO 2

A terapia familiar estrutural

Quando o pai é pai e o filho é filho, quando o irmão mais velho desempenha o papel de irmão mais velho e o mais novo age de acordo com o papel de irmão mais novo, quando o marido é realmente marido e a esposa é realmente esposa, então, existe ordem.

I. Ching

2.1 — NOÇÕES BÁSICAS

Esta modalidade terapêutica representa uma orientação familiar que enfatiza a *qualidade das fronteiras* que delimitam a família e seus subsistemas. Como foi mencionado anteriormente, a qualidade das fronteiras que delimitam a família e seus subsistemas é determinada pelo padrão de interação entre seus membros. Isto é, uma seqüência de comportamentos padronizados, de caráter repetitivo, governados por regras que definem *quem* participa em cada subsistema e de que maneira se dá essa participação. Em algumas famílias, a distância entre seus membros pode ser quase inexistente e a diferenciação dos subsistemas se prejudica, em conseqüência de fronteiras muito difusas. Outras famílias podem desenvolver fronteiras muito difusas. Outras famílias podem desenvolver fronteiras muito rígidas e a comunicação entre seus membros fica então prejudicada.

Esses dois extremos das características das fronteiras de um sistema familiar são classificados de aglutinado e desengajado, respectivamente. Essa abordagem terapêutica considera que todas as famílias situam-se em algum tempo entre esses dois extremos. As operações nesses dois pólos opostos indicam áreas de possível disfunção do sistema.

As fronteiras de uma família aglutinada são muito difusas, fracas e de fácil travessia. Tal situação resulta num funcionamento inadequado das tarefas a serem executadas pelos subsistemas. Por exemplo, o relacionamento do casal, ou seja, suas funções de marido e mulher em uma família aglutinada podem ficar reduzidas estritamente às execuções de funções parentais. Ou então, a criança pode inapropriadamente desempenhar o papel de pai ou mãe para seus próprios pais.

A indiferenciação dos subsistemas de uma família aglutinada propicia também uma ou mais formas de triangulação (vide p. 22). Além disso, nessas famílias, devido ao envolvimento extremo entre os membros, mudanças no comportamento de um deles ou no relacionamento entre uma díade repercute em todo o sistema. Os diálogos, via de regra, tornam-se rapidamente difusos pela intromissão de um outro membro. Ou então, um membro da família pode ser colocado no papel de *office boy*, trazendo e levando mensagens para um terceiro. Conseqüentemente, em uma família aglutinada, um conflito que envolva uma díade pode estabelecer uma cadeia de alianças que se altera dentro de toda a família.

De modo geral, num sistema aglutinado, a diferenciação de seus membros e de seus subsistemas é extremamente pobre. Os membros da família intrometem-se constantemente nos sentimentos e pensamentos do outro. A função das fronteiras de proteger a diferenciação é danificada e, portanto, a individuação é radicalmente dificultada, levando a uma percepção indiferenciada do outro e de si mesmo. O indivíduo perde-se no sistema.

Por outro lado, nas famílias desengajadas, caracterizadas por fronteiras excessivamente rígidas, não há conexões fortes entre os membros, que pouco se relacionam entre si. Os membros de famílias ou subsistemas desengajados podem funcionar autonomamente, mas possuem inclinação para ausência de sentimentos de lealdade para com a família, ausência de interdependência e dificuldades em solicitar ajuda de um ou mais membros da família, quando isso for necessário.

O sistema desengajado tolera uma ampla diferenciação de seus membros, mas o estresse em um deles não atravessa as fronteiras inapropriadamente rígidas. Somente um nível de estresse bastante alto pode reverberar suficientemente forte, para ativar o sistema de ajuda da família. Inversamente, num sistema aglutinado, o comportamento de um membro imediatamente afeta o outro. Estresse em um membro reverbera fortemente através das fronteiras e ecoa rapidamente nos demais subsistemas.

Esses dois extremos de estrutura do sistema familiar causam problemas quando mecanismos adaptativos são evocados. A família aglutinada responde a qualquer variação com intensidade e velocidade excessivas. A família desengajada, ao contrário, tende a não responder quando isso se faz necessário e urgente. Por exemplo, os pais de uma família aglutinada podem tornar-se excessivamente preocupados porque a criança não quis ir à aula de natação, enquanto os pais de uma família desengajada podem não ter preocupação alguma em relação à fobia escolar apresentada pelo filho.

O terapeuta familiar estrutural apóia tanto a subsistência da individualidade como a da mutualidade, e visa a clarificar ou fortalecer fronteiras difusas, ou então, a tornar mais flexíveis fronteiras inapropriadamente rígidas. As características das fronteiras do sistema é que orientarão as intervenções terapêuticas a serem utilizadas. Mas, tais características não são imediatamente acessíveis ao observador. É no processo de união com a família que o terapeuta obterá dados sobre a estrutura familiar. Analisando os padrões de interação nos quais ele e a família se encontram, o terapeuta poderá fazer um diagnóstico da estrutura do sistema e criar um novo sistema terapêutico.

2.2 — O PROCESSO TERAPÊUTICO

Numa primeira entrevista, o terapeuta estrutural *une-se* ao sistema, acomodando-se a ele. Essa *acomodação* envolve inicialmente a manutenção da estrutura familiar tal qual o terapeuta a percebe. Por exemplo, numa família onde a mãe desempenha um papel de liderança e controla a comunicação com e entre os filhos, o terapeuta, na primeira entrevista, também se comunica com as crianças por intermédio da mãe, mantendo a estrutura da família. Ele acompanha o conteúdo da comunicação e comportamento da família, clarificando as respostas às suas perguntas, fazendo comentários ou eliciando ampliação de alguma afirmação feita pela família.

O terapeuta, na primeira entrevista, evita confrontar ou desafiar o que foi dito, posicionando-se simplesmente como pessoa interessada no problema vivenciado pela família. Além disso, ele *mimetiza* o estilo da família. O terapeuta torna-se mais vagaroso com as famílias que estão acostumadas a pausas longas e respostas vagarosas. Numa família jovial, o terapeuta torna-se mais extrovertido e jovial.

Para Minuchin (1982), a função do terapeuta de família é ajudar o paciente identificado e a família, facilitando a *transformação* (vide p. 18) do sistema familiar, e esse processo inclui três passos importantes: o terapeuta une-se ao sistema num papel de liderança, descobre e avalia a estrutura do sistema e, finalmente, cria circunstâncias que vão permitir a transformação de sua estrutura, ou seja, a reestruturação do sistema.

As intervenções que promovem reestruturação do sistema incluem:
— representação,
— rearranjo espacial da família durante a sessão,
— intensidade ou escalonamento de estresse visando trazer à superfície conflitos encobertos não resolvidos,

- aliança com um dos membros ou subsistema para reequilíbrio do sistema,
- alteração do contexto ou efeito do sintoma,
- designação de tarefas.

Embora descritas (Minuchin, 1982, 1981) separadamente, na prática essas intervenções se justapõem e se complementam com o objetivo de promover mudanças na estrutura familiar através de ação durante a sessão.

Tomemos como exemplo fragmentos de uma sessão conduzida por Minuchin e observada por nós através de vídeo-teipe.

Marido e mulher foram solicitados pelo terapeuta para discutirem sobre o silêncio da esposa, que constantemente leva o marido a reagir com raiva explosiva. Após curto diálogo, a mulher desiste. Eles olham para o terapeuta sem saber o que fazer. O terapeuta indica que devem continuar o diálogo.

Esposa: — Eu, normalmente, não consigo competir com você em uma discussão (o marido olha para o terapeuta que lhe acena para ficar de frente para a esposa).

Marido: — Eu acho que você deve tentar.

Esposa: — Você grita mais e muito mais alto do que eu.

Marido: — Espere cinco minutos e tente. Mas, você também não tenta com Linda (filha)...

Terapeuta: — Concentrem-se somente em vocês dois por alguns minutos. Tentem novamente.

Marido: — Espere dois minutos e tente novamente.

Terapeuta (para a esposa): — Você não sabe o que fazer, não é?

Esposa: — Não.

Terapeuta (para o marido): — Neste momento ela está dizendo que não sabe o que fazer. O que você irá fazer agora, para ajudá-la?

Marido: — Muitas coisas já foram tentadas.

Terapeuta: — Converse com ela agora, sobre suas tentativas e por que elas não funcionam.

Marido: — Nós conversamos sobre isso.

Terapeuta: — Mas ela disse que conversar não tem ajudado.

Esposa: — Não, ele (o marido) me paralisa. Ele me faz parar de ser capaz de pensar. Eu não consigo pensar agora. Eu tenho certeza de que ele está certo.

Marido: — O que você disse é um exemplo clássico do que você costuma fazer. Do que sua mãe costumava fazer e, provavelmente, do que sua avó costumava fazer.

Esposa reage perplexa.

Terapeuta: — Eu acho que agora vocês estão no caminho certo. Vocês não precisam mais de mim, no momento. Continuem e, se sentirem que estão sem saber o que fazer, podem me chamar.

O terapeuta senta-se em uma cadeira no canto da sala.

O marido relata então como os silêncios da esposa o afetam profundamente. Eles continuam o diálogo sem a ajuda do terapeuta.

Nesse fragmento de sessão podemos observar que o terapeuta seleciona e *focaliza* dificuldades que necessitam de solução. No caso do casal descrito acima, o terapeuta focaliza a dificuldade do cônjuge em dialogar. No entanto, ao invés de solicitar ao casal para que *descrevam* ao terapeuta suas dificuldades, ele os convida a interagirem, e revivenciarem na sessão o que os impede de conversar. Dessa maneira, o terapeuta é também informado mais especificamente sobre a maneira pela qual o casal evita conflitos, e de como eles apóiam ou anulam a autonomia de cada um deles. Na representação, fica também implícita a mensagem de que a família será, durante a terapia, mobilizada a responsabilizar-se pela resolução de seus problemas.

Geralmente, a técnica de representação é seguida por *escalonamento de estresse*. No exemplo acima, observamos que o terapeuta persiste na continuação do diálogo entre o casal, colocando-se em posição de ajuda, ao mesmo tempo em que se coloca fisicamente distante da díade. Essa técnica tem como finalidade intensificar interações dos cônjuges a fim de que sejam trazidos à superfície conflitos encobertos, não resolvidos. Além disso, *repetição de mensagem* é um subsídio importante para o escalonamento de estresse. O terapeuta repete sua mensagem várias vezes, no decorrer da sessão. Na ilustração acima, podemos observar que o terapeuta solicita repetidamente para que o casal mantenha o diálogo. Se o terapeuta insiste, por exemplo, que os pais devem concordar quanto ao horário do filho chegar em casa, e os pais têm dificuldades em alcançar um acordo, o terapeuta então repete que é essencial chegarem a uma decisão. Quanto mais hábil a família for na evitação da problemática que trazem para o terapeuta "resolver", mais o terapeuta necessitará aumentar a intensidade de interação entre os membros.

A mobilização física dos membros da família durante a sessão é, também, uma intervenção bastante utilizada pelo terapeuta estrutural, a fim de promover escalonamento de estresse. No caso descrito acima, o terapeuta insiste em que o casal mantenha contato face a face durante suas tentativas de comunicação. Essa técnica, segundo os terapeutas estruturais, tem ainda o poder de alterar um sistema paralisado. Se um filho reclama de modo evasivo sobre o comportamento do pai, solicitar que pai e filho conversem sobre isso, face a face, enquanto o resto da família se posiciona fisicamente mais afastada da díade, é considerado como bastante eficaz, pois intensifica a interação entre pai e filho e enfatiza problemas não resolvidos entre si. Se marido e mulher nunca se confrontam, pois sempre envolvem a sogra em suas discussões, solicitar à sogra que se posicione fisicamente afastada do casal, esclarece o que está acontecendo entre eles, além de promover uma situação na qual o diálogo passa a ocorrer sem interrupção de um terceiro membro.

O exemplo abaixo (Gorell-Barnes, 1981) ilustra claramente a movimentação do terapeuta e da família, com o objetivo de intensificar a interação do casal, ao mesmo tempo em que fortalece as fronteiras que delimitam o subsistema parental e o subsistema dos filhos. A família é composta por pai, mãe e duas filhas de 13 e 11 anos respectivamente. O sintoma apresentado pela família é o distúrbio gástrico do pai, manifestado por vômitos freqüentes. No decorrer da sessão, os pais não conseguem admitir que constantemente se põem a discutir. O terapeuta solicita às filhas que descrevam as brigas dos pais. Segundo elas, essas brigas ocorrem no andar térreo da casa, enquanto as filhas estão no quarto, no andar de cima.

O terapeuta solicita detalhes sobre as brigas e nota a maneira diferente segundo a qual as duas filhas se organizam ao redor da interação dos pais. A filha mais velha diz que já se acostumou com as brigas dos pais e acha que não poderá mudá-los. Refere estar triste, mas não perturbada.

Terapeuta: — Quem começa as brigas?

Filha mais velha: — É uma combinação de ambos.

Terapeuta: — Quem você acha que está certo? Por quem você sente mais?

Filha mais velha: — Eu sinto por minha mãe.

Terapeuta: — É por isso que está sentada ao lado dela? É difícil para você ser colocada nessa situação, mas você está sentindo a dor de sua mãe.

Terapeuta (para a filha mais nova): — O que acontece quando seus pais discutem?

Filha mais nova: — Eu não sei. Eu geralmente vou para o meu quarto.

Ela fornece, entretanto, vários detalhes sobre a briga.

Terapeuta: — Você fica no quarto, mas de ouvido espichado na discussão de seus pais.

Alguns momentos mais tarde o terapeuta interrompe a discussão dos pais dizendo que o confronto entre eles não pertence às duas filhas, mas somente à filha mais velha. O terapeuta solicita à filha mais velha que se sente entre seus pais porque é o lugar em que ela se posiciona em casa, quando os pais brigam.

Terapeuta (para a filha mais velha): — Por que você acha que tem que defender sua mãe?

O terapeuta solicita à mãe e à filha mais velha que fiquem de pé, e pergunta qual das duas é mais alta.

Terapeuta: — Sua mãe é bem mais alta. Por que você acha, então, que tem que proteger sua mãe?

Um pouco depois o terapeuta dispensa a filha mais nova da sala dizendo: "Ela é jovem. Ela deve ser protegida. Mas você (para a filha mais velha) está entre seus pais". A mãe nesse momento está desejando continuar a briga com o marido.

Terapeuta (para o pai): — Você é uma pessoa acomodada. Você pode mudar seu estilo?

Nesse instante a mãe recomeça seus ataques ao pai. O terapeuta, então, tira a filha mais velha do meio dos pais.

Terapeuta (para a filha mais velha): — Venha cá. Eu quero proteger você, colocando-a ao meu lado.

A mobilização dos membros da família e do terapeuta, a fim de promover o escalonamento de estresse visa, sobretudo, enfatizar diferenças, procurar e encontrar resoluções durante a sessão e, para realçar o fato de que os membros da família podem se individualizar, pois conseguirão, apesar disso, sobreviver juntos. Segundo Minuchin (1981), a maneira pela qual o terapeuta intensifica uma interação depende, contudo, de sua coragem, sua crença de que seu trabalho não é o de tornar as coisas fáceis e, também, de sua percepção moral quanto ao seu direito de aumentar estresse com o objetivo de promover mudanças.

Esse autor acredita que, mesmo quando o terapeuta reconhece a ineficácia de sua intervenção e quer mudá-la, aumentando sua intensidade, isso pode, algumas vezes, ser dificultado pelas regras de cortesia. Assim como seus clientes, os terapeutas foram também treinados desde a infância a respeitar e aceitar as peculiaridades dos outros. Tanto os clientes como os terapeutas pertencem a uma mesma cultura e seguem, portanto, as mesmas regras implícitas sobre como se comportar em situações de interação. Para Minuchin (1981), quando os membros de uma família mostram que alcançaram o limite do que é emocionalmente aceitável e emitem sinais indicando que seria apropriado diminuir o nível de intensidade afetiva, o terapeuta precisa aprender a ser capaz de não responder a esse pedido, apesar de em toda a sua vida o aprendizado ter sido em direção oposta.

Algumas vezes, entretanto, as fronteiras individuais de um sistema familiar podem ser fortalecidas por intervenção mais simples, mais corriqueira. Numa sessão, a mãe diz à filha de 15 anos que está muito quente na sala e pede que tire o casaco. O terapeuta ressalta quão afortunada é a filha por ter uma mãe que se preocupa tanto com ela. Uma mãe que pensa sobre seu conforto, a temperatura de seu corpo e suas necessidades físicas. O terapeuta segue essa linha de intervenção e explora sobre quem escolhe os vestidos da filha, quem decide o seu corte de cabelo e o que é melhor para a vida da filha. É oferecida, então, uma oportunidade para que ambas comecem a perceber o absurdo de seus comportamentos e o poder de superproteção da mãe.

Há famílias, entretanto, cujo objetivo da terapia não é o de modificar as características das fronteiras do sistema, mas sim o de modificar o relacionamento hierárquico de seus membros. Nesses casos, o terapeuta familiar estrutural alia-se alternadamente com os membros da família, a fim de reequilibrar o sistema. Como exemplo de uma aliança do terapeuta com um membro da família, temos o caso da família Silva, cujo filho de 12 anos apresentava problemas de comportamento. Com freqüência, ele agredia fisicamente a mãe e as irmãs. A família procurou terapia com o objetivo de arranjar um pedido de internação para o filho, em um hospital psiquiátrico. O terapeuta se alia ao filho. Isso é extremamente difícil, tendo em vista que o filho possui uma longa história de agressão aos seus familiares, que o rotulavam então como delinqüente. Este rótulo não tinha sido dado somente pela família, mas também pelo sistema de saúde mental que vinha intervindo há muito tempo na vida da família. O filho, entretanto, é um menino esperto, de boa aparência, inteligente, que vinha apresentando bom desempenho na escola. O terapeuta se alia ao filho, enfatizando esses aspectos de sua personalidade, que são ignorados pelo resto da família. Esse tipo de intervenção deve ser utilizado por várias sessões. Revezadamente, o terapeuta deve aliar-se a cada um dos membros da família com a finalidade de desenvolver maneiras alternativas de interação.

Um outro exemplo de utilização desse tipo de intervenção é o caso da família constituída por pai, mãe e dois filhos na adolescência. Eles procuram terapia devido à "doença mental" da mãe. O pai relata estar necessitando de orientação quanto à educação dos filhos. Devido à depressão da esposa, ele tinha que cuidar dos filhos sem sua ajuda. Exceto o "problema mental" da paciente identificada, todos os demais relataram não possuir nenhum problema e se apresentavam como "absolutamente normais". A mãe tinha 37 anos e preferia passar a maior parte do tempo na cama, enrolada nas cobertas devido à sua intensa depressão.

O terapeuta se alia a ela e lhe pergunta por que sua família exigia tão pouco dela. O terapeuta ouve as queixas da mãe, confirma sua inteligência e solicita que comece a cozinhar para seu marido. Quando ela lhe responde com trejeitos e voz infantis, o terapeuta não os aceita. Ele reformula a "depressão" da mãe como sendo mantenedora do *status quo* da família, pois não saberiam o que fazer se ela mudasse. A partir dessa aliança, o terapeuta incita a mãe cada vez mais a mudar sua posição na família.

Adeptos da terapia estrutural acreditam que esse tipo de intervenção pode produzir mudanças significativas, quando os membros da família são capazes de experimentar funções alternativas nos contextos interpessoais.

A técnica de aliança do terapeuta com um membro da família implica também numa alteração do efeito do sintoma. No exemplo acima, podemos observar: quando o terapeuta pergunta à mãe por que sua família exige tão pouco dela, ele está apresentando ao sistema o outro lado da moeda, ajudando-os a enxergar o lado complementar ou alternativo do comportamento de cada um deles.

O terapeuta familiar estrutural considera também bastante valioso mudar o contexto do sintoma através de simples palavras que forneçam à família um significado diferente da sua problemática. Por exemplo, o pai de quem se diz que exerce "controle facista" sobre os demais é apontado pelo terapeuta como sendo possuidor de um "amor protetor". O filho rotulado de "teimoso e rebelde" pode ser redefinido como esperto e habilidoso, pois seu comportamento faz com que as tarefas domésticas sejam sempre executadas pelos irmãos mais dóceis, mais acessíveis.

Outra técnica de reestruturação do sistema é a designação de tarefas, com o objetivo de realçar áreas de disfunção do sistema. O terapeuta estrutural utiliza tanto a designação de tarefas durante a sessão, como a atribuição de tarefas a serem executadas em casa. As tarefas designadas durante a sessão podem envolver simplesmente uma indicação de *como e com quem* os membros da família devem comunicar-se. O terapeuta, por exemplo, pode solicitar. "Conversem agora sobre isso", ou "continuem conversando e não deixem sua mãe interrompê-los". O terapeuta pode também dizer: "Eu quero que vocês se sentem um em frente ao outro e conversem somente sobre vocês dois", ou "agora, eu quero que você ajude seu irmão a não interromper a conversa entre seu pai e sua mãe".

Por outro lado, Minuchin (1982) acredita que, quando a família executa em casa uma tarefa designada durante a sessão, eles estão, de fato, levando o terapeuta com eles, para casa. Numa família cuja mãe controla vários aspectos da vida da filha adolescente, o terapeuta solicita à filha para comprar, pela primeira vez em sua vida, algumas roupas, levando em consideração somente suas próprias preferências. A designação de tarefas para casa fornece um novo campo para interações. Algumas vezes a família aceita e executa as mesmas, mas outras vezes a família as evita, tentando modificá-las ou contradizê-las. As diferentes respostas da família quanto à execução das tarefas fornece um melhor entendimento para eles e para o terapeuta, sobre como o sistema opera e sobre qual a reestruturação almejada.

Resumindo, sob o ponto de vista estrutural, terapia consiste em reesquematizar a organização da família com base no modelo normativo proposto por Minuchin. O processo parece bastante lógico e simples, como se o terapeuta se perguntasse: "Quais são as características de organização de uma família onde as coisas correm bem, sem necessidade de sintomas?" Quando algum membro da família apresenta sintomas, observa-se então a ausência das características "normais" da organização do sistema, alterando-as de acordo. Por detrás disso está, naturalmente, a suposição de que o "sintoma" é produto de um sistema familiar disfuncional e que, se a organização da família se torna mais "normal", o sintoma desaparece automaticamente.

Sendo essa a teoria central dessa abordagem, o terapeuta familiar estrutural não se preocupa muito com as peculiaridades do sintoma, sua história e qualquer outro detalhe específico. Ele está interessado em esmiuçar a maneira pela qual a família se organiza (o pai dessa família é tratado como criança? A filha mais velha se comporta como se fosse a mãe? A mãe é quem fala pelos demais?) e em alterar essa organização para estados mais normativos.

Para conseguir mudança no sistema, o terapeuta estrutural se coloca em posição de liderança e se "intromete" no sistema familiar. Alia-se a alguns membros contra outros, designa tarefas para serem executadas durante e nos intervalos das sessões, altera fisicamente as posições dos membros das famílias na sala e intensifica as interações entre eles. Além disso, à medida que descobre e confronta o sistema familiar, o terapeuta estrutural cria novas intervenções, sempre com o intuito de alterar através de ação, e durante a sessão, a organização disfuncional da família.

Essas intervenções podem parecer simples, mas são difíceis de aprender. O processo terapêutico envolve principalmente o trabalho com comportamentos analógicos, e muita prática é necessária para se reconhecer padrões invisíveis de interação que um terapeuta estrutural experiente pode captar à primeira vista.

Relataremos a seguir um caso de disfunção do sistema familiar através do qual descreveremos os objetivos e intervenções utilizados por um terapeuta familiar estrutural. Na apresentação das abordagens *estratégica breve* e do *grupo de Milão*, utilizaremos esse mesmo caso a fim de tornarmos mais claras as diferenças e semelhanças existentes entre essas três abordagens sistêmicas.

A família A

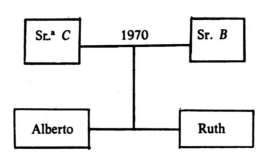

Sr.ª C — 39 anos, profissão do lar.

Sr. B — 42 anos, comerciante.

Alberto — 13 anos, paciente identificado. Há mais ou menos um ano evadindo-se da escola. Há mais ou menos 2 meses ausentou-se completamente da escola e da vida familiar. Não quer mais sair de casa e passa quase o dia todo em seu quarto.

Ruth — 11 anos. De acordo com os pais, não apresenta problemas.

Numa primeira entrevista, como foi mencionado anteriormente, o terapeuta estrutural une-se ao sistema familiar, reconhecendo e orientando cada um de seus membros. O terapeuta faz observações, coloca questões e, com a finalidade de *vivenciar* a realidade da família da maneira pela qual ela se define, o terapeuta solicita que representem o que acontece com todos eles quando chega a hora de Alberto ir à escola e ele se recusa a ir. Suponhamos então que foi representada a seguinte situação:

"Todas as manhãs, a Sr.ª C bate à porta do quarto de Alberto, reivindicando em vão sua presença no café da manhã. Às vezes, implora que ele se apronte e desça o mais rápido possível. Outras vezes, a Sr.ª C diz-lhe veementemente que sua ausência representa falta de amor e consideração pelo resto da família. Ou então, ela exige vigorosamente que Alberto se apronte o mais rápido possível para ir à escola, lembrando-lhe que tem responsabilidade e que já é homem feito.

Enquanto isso, o Sr. *B* toma seu café da manhã em companhia de Ruth, ora lendo o jornal, ora conversando com ela sobre algum assunto relacionado com a escola. A Sr.ª *C* junta-se a eles após suas vãs tentativas de trazer Alberto consigo. Na maioria das manhãs, os três ficam silenciosos por mais alguns minutos até que o Sr. *B* e Ruth se levantam e saem. Algumas vezes, entretanto, a Sr.ª *C* exige que seu marido faça alguma coisa. Quando isso acontece, o Sr. *B* vai então à porta do quarto do filho e, primeiramente, de maneira calma, tenta uma resposta de Alberto, que permanece em silêncio total, levando seu pai a esmurrar raivosamente a porta trancada. Quando a situação atinge essa intensidade, a Sr.ª *C* dirige-se também à porta do quarto do filho e tenta acalmar seu marido, dizendo que Alberto foi sempre um bom menino e que, de uma hora para outra, ele tomará jeito."

Esses dados fornecem ao terapeuta características importantes quanto aos padrões de interações existentes no sistema. Não existe nessa família uma aliança forte entre Sr. *B* e Sr.ª *C*. Ou seja, até o início da terapia, *pai* e *mãe* nunca tentaram *juntos* controlar o comportamento do filho. Muito pelo contrário, o silêncio do Sr. *B* sentado à mesa do café, quase impassível diante das tentativas inúteis de sua esposa de tirar o filho do quarto e a abordagem "macia" da Sr.ª *C*, quando seu marido se torna mais enérgico com o filho, anulam a função executiva do subsistema parental.

No decorrer da terapia observa-se também que Alberto senta-se *entre* seus pais, mas mais próximo de sua mãe do que de seu pai, enquanto Ruth se posiciona distante dos demais, como mostra o esquema abaixo:

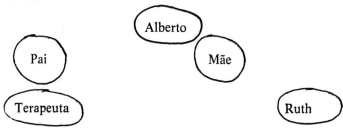

Além disso é observado que Alberto constantemente interfere nos poucos diálogos existentes entre seus pais. Essa interferência de Alberto é, às vezes, espontânea. Por exemplo, quando a Sr.ª *C* reclama "suavemente" da calma excessiva do marido em face aos problemas do filho, Alberto pergunta à mãe se ela realmente se preocupa com o fato dele não querer ir à escola. Voluntariamente Alberto desvia a atenção da mãe para si, como forma de evitar o possível conflito existente entre o casal. Outras vezes, a interferência do filho no diálogo dos pais se dá por solicitação da mãe. Na ocasião em que o casal refere-se a um clima de absoluta "harmonia" entre eles, e o terapeuta confronta essa afirmação, a Sr.ª C abruptamente pergunta a Alberto se ele acha que existe muita desarmonia na família. Essas seqüências repetitivas de interação indicam que as fronteiras que delimitam o subsistema do casal do subsistema que envolve Alberto são difusas e de fácil travessia. Nenhum dos cônjuges em face das interferências do filho em seus diálogos disse: "Não interfira, eu estou falando com seu pai, ou, eu estou falando com sua mãe." Muito pelo contrário, a Sr.ª C convida Alberto a intrometer-se na vida do casal. A família relata também que o Sr. B está altamente envolvido com sua profissão, tendo pouco tempo disponível para a família. Quanto à Ruth, os pais relatam que é uma menina responsável, assídua e sempre tira notas ótimas na escola. O terapeuta pergunta a Ruth se ela tem amigos e ela responde, abaixando a cabeça, hesitante, que quase não tem amigos. Durante a sessão, ela passa despercebida pelo resto da família. Fica em silêncio a maior parte do tempo, mas freqüentemente esfrega as mãos de modo irrequieto. A Sr.ª C e o Sr. B não indicam nenhuma preocupação em relação à filha. Além disso, a mãe dirige-se freqüentemente aos filhos através da palavra "crianças", ao invés de diferenciá-los pelo nome, tratando-os como se tivessem a mesma idade e as mesmas preferências. Não é propiciada a Alberto nenhuma regalia pelo fato de ser o irmão mais velho.

A partir dessas informações e observações, o terapeuta começa a obter um mapa do sistema familiar. O mapa é um esquema organizacional que, apesar de estático, fornece um recurso de simplificação, que permite ao terapeuta formular hipóteses a respeito de diferentes áreas do funcionamento da família, ajudando também a definir os objetivos da terapia. Por exemplo, na família A, podemos dizer que existe uma aliança fraca, um desengajamento entre marido e mulher e uma aliança forte entre a Sr.ª C e Alberto. Ruth, por outro lado, apresenta-se como uma adolescente com dificuldades, talvez próprias da idade, mas não recebe dos pais a atenção necessária. Em relação a Ruth, a fronteira que delimita o subsistema parental e o dos filhos tende a uma rigidez inapropriada. Além disso, a conduta da mãe em relação aos filhos não favorece a autonomia e individualidade. Os objetivos terapêuticos com a família A envolveriam então:

a — Enfraquecer a aliança entre a Sr.ª C e Alberto.

b — Fortalecer a aliança entre marido e mulher.

c — Fortalecer a aliança entre Alberto e Ruth.

d — Encorajar a autonomia e individualidade dos filhos.

e — Fortalecer a aliança entre os pais no que concerne a suas funções executivas e de apoio.

O terapeuta estrutural intervém, então, com o objetivo de:

A — DELINEAR as fronteiras que delimitam os subsistemas e,

B — DELINEAR as fronteiras que delimitam os indivíduos que compõem os subsistemas.

De modo simplista podemos dizer que o objetivo "A" poderia ser alcançado através da utilização de algumas intervenções estruturais:

a — *Rearranjo espacial da família durante a sessão*

O terapeuta pode colocar o Sr. *B* e a Sr.ª *C* fisicamente mais próximos, sentados frente a frente, enquanto Alberto e Ruth seriam colocados distantes de seus pais, mas próximos um do outro.

b — *Escalonamento de estresse*

Em seguida, o terapeuta pode solicitar repetidamente e de maneira firme que os pais discutam a maneira pela qual, *juntos*, possam fazer com que Alberto retorne à escola.

O terapeuta se posiciona a relativa distância, encorajando uma intensificação na interação entre Sr.ª *C* e Sr. *B*, propiciando entre eles um diálogo mais prolongado do que o usual, a fim de trazer à superfície conflitos não resolvidos. O terapeuta fica alerta aos padrões de interação da família, os quais têm como finalidade evitar a resolução dos conflitos. Na família *A*, pudemos observar que a intromissão voluntária de Alberto e os convites de sua mãe para que interfira no seu diálogo com o marido são os padrões de evitação de conflitos utilizados pela família. O terapeuta fica alerta às possíveis pressões da família para que tenha atitudes de acordo com os padrões de evitação de conflitos utilizados pelo sistema. Ao solicitar à Sr.ª *C* e ao Sr. *B* que conversem, somente entre si, sobre a recusa de Alberto em ir à escola, e que cheguem a uma decisão sobre qual a atitude a tomar, muito provavelmente o terapeuta será pressionado a envolver-se no diálogo entre o casal. Possivelmente a Sr.ª *C* possa, após alguns minutos de conversa com o marido, solicitar ao terapeuta uma orientação quanto à atitude que deverão tomar; afinal, foi com essa finalidade que procuraram ajuda de um profissional. Nesses casos, o terapeuta estrutural insiste na continuidade do diálogo entre os pais, enfatizando mais explicitamente a importância de um acordo comum.

c — *Designação de tarefas a serem executadas nos intervalos das sessões*

Com o objetivo de fortalecer a aliança entre marido e mulher, o terapeuta pode solicitar que o casal saia junto, sem os filhos, no próximo fim de semana. É importante, entretanto, que o casal descubra sua própria tarefa e faça contratos por si mesmos, ao invés de o terapeuta designar uma tarefa para o casal. O terapeuta, contudo, ajuda-os a encontrarem uma tarefa que seja mais relevante às disfunções que estão apresentando.

O objetivo terapêutico "B", ou seja, a delineação de fronteiras que delimitam os indivíduos que compõem os subsistemas, pode ser alcançado através de um constante reforço da autonomia e individualidade dos membros da família. O terapeuta estrutural provavelmente confrontaria a Sr.ª *C* dizendo: "A senhora e Alberto parecem bastante unidos, eu faço a pergunta a seu filho e a senhora responde." Uma intervenção não verbal envolveria uma indicação por parte do terapeuta para que a Sr.ª *C* se cale, encorajando Alberto a responder sua pergunta.

Frases como: — "Quantos anos você tem, Alberto? Treze? E você Ruth? Onze? E como é que vocês deixam sua mãe chamá-los de crianças?" — promovem, também, o fortalecimento da autonomia dos filhos.

Posteriormente, a terapia com a família *A* poderia envolver algumas sessões somente com o subsistema marital, no caso de comprovações da hipótese de que o sintoma de Alberto tem a finalidade de evitar conflitos nesse subsistema. Essa intervenção propiciaria um maior fortalecimento das fronteiras que delimitam o subsistema do casal.

Gostaria de finalizar a descrição dessa abordagem sistêmica com uma interessante formulação de Minuchin (1981) sobre técnicas na terapia familiar.

Ele escreve: "A frase — técnicas de terapia familiar — traz problemas. Ela transmite imagens de pessoas manipulando outras pessoas. Pessoas que fazem lavagem cerebral em outras, ou controlam com o intuito de conseguir poder. Uma preocupação moral sobre esses aspectos é absolutamente justificável. Além disso, técnicas somente não garantem eficácia se o terapeuta se torna sobrecarregado delas. Mantendo-se como um artesão, seu contato com o paciente será objetivo, distante e limpo, mas também superficial, manipulador com o objetivo de alcançar poder pessoal, o que é absolutamente ineficaz. O treino em terapia familiar deveria, portanto, ser uma maneira de ensinar técnicas cuja essência é aprendê-las e então esquecê-las. O terapeuta deveria curar: um ser humano preocupado terapeuticamente com o envolvimento de outros seres humanos, com os problemas de interação que lhes causam dor, ao mesmo tempo que retém um grande respeito pelos valores potenciais e preferências estéticas dos outros. O objetivo, em outras palavras, é transcender a técnica. Somente o indivíduo que dominou uma técnica e então conseguiu esquecê-la pode tornar-se um terapeuta habilidoso."

BIBLIOGRAFIA

Gorel-Barnes, G. (1981), "Family bits and pieces: framing a workable reality", em *Developments in Family Therapy* (ed.), Walrond-Skinner, Rowtledge e Kegan Paul, Londres.

Minuchin, S. e Fishman, H. C. (1981), *Family Therapy Techniques*, Harvard University Press, Londres.

Minuchin, S. (1982), *Famílias: Funcionamento e Tratamento*, Ed. Artes Médicas, Porto Alegre.

CAPÍTULO 3

A terapia estratégica breve

Primeiramente nós levantamos a poeira e, então, reclamamos que não conseguimos ver.

Berkeley

3.1 — CONCEITOS BÁSICOS

Essa abordagem, formulada por Watzlawick e seus colegas (1974) do Mental Research Institute de Palo Alto, fundamenta-se na premissa de que os vários tipos de problemas trazidos pelo paciente ao terapeuta só persistem se forem mantidos pelo comportamento atual das pessoas que interagem com o paciente e seus problemas. Se a cadeia de interações que mantém o problema for eliminada, o problema desaparecerá, qualquer que seja sua natureza ou etiologia.

Esse grupo apresenta alguns princípios gerais como fundamento do corpo teórico e prático da abordagem terapêutica postulada.

Orientação franca para o sintoma. Ou seja, os membros da família buscam terapia porque possuem queixas específicas e, ao aceitá-las para tratamento, o terapeuta assume o compromisso de aliviar essas queixas.

Os problemas são vistos como dificuldades de interação. Os problemas que o paciente ou a família trazem para terapia, exceto síndromes claramente orgânicas, são vistos como dificuldades interacionais que envolvem o paciente identificado, seus amigos, seus colegas de trabalho etc.

Os problemas são vistos como sendo resultado de dificuldades quotidianas não resolvidas. Os problemas trazidos pelos pacientes são primeiramente resultado de dificuldades que envolvem alguma mudança de vida que não foi bem realizada e acabou envolvendo outras atividades, resultando em formação de um sintoma.

As transições de vida e o ciclo de vida familiar requerem grandes mudanças nos relacionamentos. Os passos normais da vida em família — mais as dificuldades ocasionais como doenças, acidentes, desemprego etc. — podem levar ao desenvolvimento de problemas, na medida em que requerem grandes mudanças nos relacionamentos pessoais.

Os problemas desenvolvem-se através da superênfase ou subênfase nas dificuldades de viver. Os problemas surgem quando se trata de uma dificuldade comum, corriqueira, como sendo um "problema", por expectativas utópicas de vida; ou quando se trata de uma grande dificuldade como não sendo um problema, por negação das dificuldades manifestas.

A continuação de um problema é resultante de um circuito de feedback *positivo centrado nos comportamentos dos indivíduos que pretendem resolver a dificuldade.* Na maioria das vezes, o que acontece é que a dificuldade original se depara com uma tentativa de solução que intensifica ainda mais a dificuldade original.

Watzlawick *et al.* (1974) oferecem duas ilustrações interessantes sobre esse conceito. O que poderia ser mais razoável para amigos e parentes do que tentar animar uma pessoa deprimida? Mas, geralmente o que acontece é que não só o indivíduo não responde às tentativas de reanimação feitas pelos amigos e parentes, mas principalmente que essas tentativas fazem com que o indivíduo se sinta ainda mais deprimido. Levados pelo "bom-senso", os amigos e parentes são incapazes de notar que suas tentativas de ajudar envolvem uma cobrança ao indivíduo deprimido como se ele pudesse ter somente alguns sentimentos, ou seja (otimismo, alegria etc.) e não outros (pessimismo, tristeza etc.). Disso resulta que, para o indivíduo, o que seria somente uma tristeza temporária, passa a gerar sentimentos de fracasso, ruindade e ingratidão para com aqueles que o amam tanto e estão tentando ajudá-lo. Segundo Watzlawick e seus colegas, é dessa cadeia de interação que se origina a depressão, e não da tristeza original.

Outro exemplo é o da esposa que tem a impressão de que seu marido não é suficientemente comunicativo com ela. Ela não sabe o que passa pela cabeça do marido, o que ele anda fazendo quando não está em casa, ela não sabe o que ele pensa dela etc. Quase automaticamente ela irá, portanto, fazer perguntas para ter as informações que deseja, observar seu comportamento e obter informações, utilizando os mais variados artifícios. Se ele considerar muito intrusivo o comportamento de sua esposa, muito provavelmente irá manter as informações para si mesmo. Informações essas que podem ser quase irrelevantes, mas ele não as fornece, "somente para ensiná-la que não precisa saber tudo sobre sua vida". Dessa maneira, a tentativa de solução utilizada pela esposa não traz a mudança desejada e, além disso, estimula ainda mais sua preocupação e desconfianças. "Se ele não me conta essas coisas banais é porque existe algum problema que necessita ser escondido de mim". Menos informações o

51

marido fornece, mais a esposa tenta obtê-las e mais o marido tenta escondê-las.

No momento em que o casal procura o terapeuta, este será tentado a diagnosticar o comportamento da esposa como sendo ciúme patológico — a não ser que preste cuidadosa atenção ao *padrão de interação* do casal e suas tentativas de solucionar o problema, as quais *são* o problema.

Os problemas de longa duração não são indicadores de cronicidade, mas de persistência de uma dificuldade mal-enfrentada. As pessoas que apresentam problemas rotulados como crônicos estiveram por longos períodos fazendo esforços inadequados ou inapropriados para resolução dos mesmos. Tais problemas, no entanto, têm a mesma possibilidade de mudanças que aqueles rotulados como agudos.

A resolução do problema requer primeiramente a substituição de padrões de comportamento. Para interromper o circuito de *feedback* é preciso criar novos padrões de comportamento que vão substituir os comportamentos atuais.

Promover mudanças através de meios que funcionem mesmo que possam parecer ilógicos. Por exemplo, dizer a um depressivo que, diante de determinada situação, este deveria estar ainda mais deprimido.

"Pensar pequeno", ou seja, focalizar o sintoma apresentado pelo paciente e trabalhar em busca de alívio do mesmo.

Abordagem terapêutica pragmática. Intervenção direta no sistema em tratamento, tendo em vista:

— o que ocorre nos sistemas interacionais,

— como continuam funcionando e,

— como podem ser modificados.

Nesse contexto a questão "por que" é evitada.

3.2 — O PROCESSO TERAPÊUTICO

Os pacientes são aceitos sem triagem. Quando não há vaga, são encaminhados a outra instituiçāc. Num primeiro encontro, a secretária acompanha o paciente ou a família até a sala de atendimento, após ter solicitado o preenchimento de um formulário com dados demográficos. O terapeuta começa a explicar as vantagens de ter as sessões gravadas e observadas e solicita autorização para tal (as demais abordagens sistêmicas também utilizam gravação das sessões no vídeo e têm o mesmo procedimento em relação a isso). Em seguida, comunica que a psicoterapia é realizada no máximo em dez sessões, principalmente com o objetivo de criar uma expectativa positiva de mudança rápida.

O processo terapêutico abrange 4 etapas essenciais:

1 — *Formulação de uma imagem concreta e específica do problema.*

O terapeuta estratégico está interessado em formar um quadro concreto da dificuldade sentida pela família, que as tenha levado a procurar ajuda naquele determinado momento. O terapeuta não está interessado em fatores intrapsíquicos ou mesmo no histórico da família.

Se são várias as queixas, o terapeuta pergunta qual é a principal delas.

Para tornar seu enfoque mais específico, o terapeuta freqüentemente pergunta:

— O que vocês fazem agora por causa de seus problemas, o que gostariam de parar de fazer ou fazer diferente?

— O que gostariam de fazer agora que o seu problema interfere?

O objetivo é estabelecer uma meta específica até a segunda sessão. Ocasionalmente, o terapeuta estratégico breve revisa a meta original do começo do tratamento ou adiciona uma meta secundária.

2 — *Estimar qual é o padrão de comportamento que está mantendo o problema.*

O terapeuta estratégico está interessado em descobrir o que a família (ou o paciente) tem feito para resolver o problema — acreditando que são as *tentativas de resolução do problema* que, na maioria das vezes, o *mantêm e o intensificam.*

3 — *Estimar qual comportamento levaria à "mudança pequena específica" almejada.*

4 — *Intervenção.*

O que envolve designar uma tarefa, contendo instruções paradoxais para promover tal mudança.

As instruções paradoxais consistem em prescrever comportamentos que aparentemente estão em oposição aos objetivos estabelecidos, mas visam a mudanças em direção a eles.

A instrução paradoxal é mais freqüentemente utilizada sob a forma de "prescrição do sintoma", através do aparente encorajamento do comportamento sintomático.

Vamos retornar à família *A* (vide p. 43) para ilustrarmos o processo terapêutico enfatizado por essa abordagem.

1 — *Formulação do problema.*

A recusa de Alberto em ir à escola.

2 — *Tentativas utilizadas para a resolução do problema.*

As tentativas utilizadas para resolver o problema parecem ter exacerbado a dificuldade original. No princípio, Alberto faltava a algumas aulas. Depois faltava alguns dias. Quando isso ocorria, deixava a porta de seu quarto aberta e sua mãe conseguia, às vezes, sentada ao pé de sua cama, conversar com ele, chegando a convencê-lo a ir para a segunda ou terceira aula. No início da terapia, Alberto não ia mais à escola, trancava-se no quarto ao ouvir que seus pais já se haviam levantado. Alberto ficava silencioso dentro de seu quarto, até a hora do almoço. Após o almoço, voltava para o quarto ou, então, saía um pouco à tarde e, quando retornava, entrava no quarto, saindo dali somente para jantar. Jantava e retornava para o quarto.

3 — *Estimar qual comportamento levaria à mudança específica almejada, ou seja, Alberto ir à escola.*

Esse item envolve discussão com a equipe de terapeutas que observa a sessão por detrás do espelho unidirecional, ou através de vídeo-teipe.

A equipe terapêutica, nesse momento, tenta responder à seguinte questão:

"O que o Sr. *B* e a Sr.ª *C* precisam fazer para que Alberto vá à escola?"

A equipe já formou um quadro referente ao comportamento central da família em relação ao problema, e à maneira como ela tenta solucioná-lo.

O que a equipe terapêutica se pergunta nesse momento é que *comportamentos* diferentes dos utilizados pela família, até então, levariam à meta específica, ou seja, fazer com que Alberto freqüente a escola.

Parece claro que somente a Sr.ª *C* toma a iniciativa todas as manhãs para que Alberto se levante e vá à escola. O Sr. *B* age somente em face das exigências de sua esposa. Além do mais, quando o Sr. *B* se torna mais rigoroso, sua esposa tenta "acalmar" a situação "esfriando" a interação existente entre pai e filho, através de afirmações suaves.

Ela exige que seu marido interfira mas, ao mesmo tempo, "anula-lhe" a tentativa de controlar Alberto, dizendo: "Alberto foi sempre um bom menino, de uma hora para outra ele toma jeito."

Parece claro que o Sr. B e a Sr.ª C são pais abertamente "autoritários", mas "encobertamente permissivos". Esse padrão de interação, entretanto, altera-se como uma gangorra. Quando a Sr.ª C é autoritária, o Sr. B é permissivo. Quando o Sr. B é autoritário, a Sr.ª C é permissiva. Temos, aqui, um exemplo de comunicação ou interação complementar. Portanto, um primeiro passo em direção à *mudança* é alterar essa interação complementar do casal para uma interação simétrica onde tanto o Sr. B como a Sr.ª C possam ambos ser abertamente autoritários ou abertamente permissivos. A tarefa ou prescrição deverá envolver uma instrução paradoxal, ou seja, a prescrição de um comportamento que pareça oposto à meta desejada.

O terapeuta estratégico breve poderia, então, designar a seguinte tarefa para o casal, em uma sessão posterior, onde compareçam somente os pais.

Nós sugerimos que durante esta semana, até que nos encontremos novamente, o Sr. B e a Sr.ª C ignorem o fato de Alberto não estar indo à escola. Vocês não devem nem mencionar esse problema entre vocês, ou com Alberto. Ajam como se não existisse problema algum com relação a Alberto não ir à escola. Nós sugerimos que vocês acordem de manhã e tomem o café sossegadamente, sem mencionar o fato de Alberto não estar com vocês.

A tarefa designada tem como objetivo trazer à superfície a permissividade encoberta do Sr. B e da Sr.ª C, puxando-a ao extremo, ao mesmo tempo em que visa uma comunicação simétrica entre o casal. A prescrição paradoxal produzirá uma situação na qual a Sr.ª C e o Sr. B se tornarão abertamente permissivos e impotentes mas encobertamente autoritários e em controle, de maneira tal que Alberto não poderá se rebelar. Além disso, o terapeuta usa o *silêncio* — que Alberto utiliza para controlar seus pais — como a arma de controle que seus pais passarão a usar em relação ao filho.

Em entrevista somente com Alberto, o terapeuta poderá sugerir-lhe que continue em seu quarto, não se importando com os pedidos dos pais para que vá à escola.

É importante ressaltar que, ao contrário do enfoque estrutural que visa a alteração nos padrões de interação do sistema familiar durante a sessão, o enfoque estratégico breve enfatiza a alteração dos mesmos no intervalo *entre* as sessões através da prescrição paradoxal. Essa abordagem sistêmica realça o sintoma como sendo a unidade a ser focalizada, não a família. Portanto, ao contrário do enfoque estrutural, os terapeutas estratégicos breve não se preocupam em ver todos os membros da família. Eles preferem atuar terapeuticamente com indivíduos ou subsistemas separadamente, para maximizar mudanças. Enquanto os terapeutas estruturais repadronizam interações durante a terapia, os terapeutas estratégicos breve são quase inativos no consultório. Para eles a chave para mudanças é a arte através da qual poderão reformular a percepção de seus clientes quanto ao contexto de seus comportamentos. Eles utilizam a analogia do vendedor que ensina seu método, e de fato solicitam aos seus alunos que observem como um vendedor de carros consegue persuadir seus fregueses a comprar um produto. Essa posição tem sido criticada pelos terapeutas mais tradicionais, que imaginam que o uso de tais técnicas degradam a profissão. Acusações como "manipulação" e "engenharia social" têm sido ouvidas e galhardamente aceitas pelos terapeutas estratégicos breve. Eles se consideram simples artesãos, que visam a resolver os problemas de seus pacientes da maneira mais vantajosa e menos cara.

Um exemplo dos fragmentos de sessão conduzida pelo grupo de Palo Alto (Hoffmann, 1981) fornecerá uma idéia mais clara sobre a abordagem estratégica breve. O terapeuta é Paul Watzlawick. A família é composta por mãe, pai, uma filha de 15 anos apresentando problemas de comportamento e três irmãos mais novos, duas meninas e um menino. A adolescente fugiu de casa e começa a ser rotulada de delinqüente. A terapia consiste de cinco sessões, a maioria delas somente com os pais. O terapeuta não inclui os filhos mais novos na terapia.

Na primeira sessão Watzlawick conduz a sessão com os pais. Eles descrevem a filha como sendo louca, rebelde, briguenta, raivosa e impossível de se controlar. Os pais, por outro lado, se apresentam como derrotados pelas constantes brigas e desavenças. O terapeuta, "aproveitando" suas frustrações, pergunta se eles poderiam retribuir à filha o mesmo tipo de atitudes que ela usa com eles, ou seja, "irritá-la do mesmo modo que ela os irrita". Eles dizem que adorariam fazer isso e parecem desejosos de aceitar as sugestões do terapeuta. O terapeuta então instrui os pais para que comecem a pensar de modo irracional. E sugere, por exemplo, que, quando a filha pedir para sair, respondam simplesmente "não". Quando ela protestar, ao invés de tentarem justificar suas posições, eles deveriam dizer alguma coisa absurda como "não, porque hoje é sexta-feira". Os pais adoram essa idéia, mas o terapeuta pede-lhes para não colocarem ainda em prática a sugestão, somente pensar sobre ela.

O terapeuta encontra-se, então, somente com a filha. Quando ele pergunta o que ela gostaria de ver mudado para seu próprio proveito, a adolescente responde que está cansada de tantas brigas. O terapeuta sugere que ela está numa posição extremamente poderosa e que seus pais se tornaram impotentes para lidar com ela. A melhor maneira para manter essa posição seria persistir ou mesmo aumentar suas exigências. Se seus pais lhe negarem alguma coisa, ela deverá perguntar qual a razão disso e insistir até que eles cedam. O terapeuta acrescenta que tudo tem seu preço, que ela pode estar num estado crônico de raiva, e mesmo acabar no juizado de menores, mas que ela pode acostumar-se a isso. O mais importante será persistir em prol de si mesma porque ela acabará por vencer. O terapeuta afirma, então, que continuará a atender somente os pais, com o objetivo de ensiná-los a viver com essa situação. Ele não vê mais a menina, e as quatro sessões posteriores são feitas com os pais. A mãe diz que está sem esperanças e o terapeuta não a confronta. Ele sugere que mudem de uma posição de força para uma de fraqueza. Por exemplo, se a filha abandonar o jantar para sair com amigos, a mãe deverá fazer algo estúpido como derrubar um copo de leite em sua roupa, dizendo "eu estou tão preocupada. Eu tenho estado tão deprimida ultimamente, que faço coisas estúpidas como esta". Se a filha chegar tarde em casa, eles deverão trancar a porta, apagar as luzes e depois de tê-la feito esperar por um longo tempo, a mãe deverá sair e dizer "me desculpe, eu te deixei aí fora. Eu ando fazendo coisas tão estúpidas".

Na sessão seguinte os pais relatam que estão fazendo com sucesso o que foi sugerido pelo terapeuta. Ao invés de brigarem com a filha, o pai respondeu a cada uma de suas exigências dizendo: "eu pensarei sobre isso", frustrando-a terrivelmente. A mãe simplesmente concordava com a filha, mas não discutia. A filha, segundo relato dos clientes, estava cada vez mais furiosa, pois seus pais não brigavam mais com ela. O terapeuta sugere, então, que durante a próxima semana eles se coloquem em uma posição ainda mais extrema de impotência; pede à mãe para dizer que algo extremamente preocupante foi discutido na sessão, o que a levou a sentir-se muito deprimida. Watzlawick diz, então: "Vocês deveriam dar a sua filha aquela dúvida criativa e a insegurança de que todo jovem necessita para crescer."

A mãe relata que o aniversário de 16 anos da filha está próximo, e que ela lhe pediu umas botas muito caras. E também está tremendamente irritada com os sutiãs velhos e estragados da filha, que se recusa a lavá-los e a comprar outros. O terapeuta sugere que os pais comprem para a filha 4 sutiãs novos (o preço que custariam as botas), e quando ela abrir o presente e ficar desapontada, a mãe deverá mostrar um aborrecimento genuíno. A sugestão foi seguida à risca e, na quarta sessão, os pais se apresentam como cúmplices na tarefa de enfurecer ainda mais a filha. A menina, por outro lado, começa a apresentar mudanças marcantes em sua personalidade. Os pais quase não conseguem reconhecê-la. Ela tornou-se agradável e cooperativa. Começou a aprender a costurar (após a mãe ter costurado estupidamente as costas de um vestido junto com a parte da frente a pedido da filha para arrumá-lo), e um dia trouxe para sua mãe uma caixa de chocolates. Durante a última sessão, o terapeuta mostra-se preocupado com as rápidas mudanças na adolescente. Previne aos pais que talvez o resultado do sucesso com a filha quase com certeza fará dela uma menina muito agradável e que, então, será difícil deixá-la crescer. Dessa maneira, o terapeuta sugere ser uma boa idéia reinstalar a situação antiga para não ficarem muito infelizes quando a filha crescer mais e deixar a casa para ter a sua própria vida. Ele pede aos pais para pensarem como podem ter uma primeira recaída nos padrões antigos de interação. Essa intervenção tem o objetivo de reforçar a mudança ocorrida. Três meses após essa última entrevista, os pais relatam que começaram a sair juntos (o que não podiam fazer quando a filha estava apresentando comportamento difícil), as notas da filha na escola passaram de *D* para *C* e então para *B*, e a filha, segundo os pais, parecia ser uma pessoa mais feliz.

O terapeuta estrutural possivelmente diria que ocorreram mudanças porque houve um fortalecimento da aliança entre os pais e que juntos, então, conseguiram controlar a filha, enquanto anteriormente à terapia, a mãe estava encobertamente aliando-se à filha contra o pai. O terapeuta estratégico breve provavelmente concordaria com essa explicação, mas atribuiria a mudança à habilidade do terapeuta em reformular a situação a fim de que os pais agissem de modo diferente com a filha. Embora a abordagem estratégica breve negue qualquer interesse na família como "sistema", eles trabalham sistemicamente e esperam que uma pequena mudança num relacionamento importante na família reverberará no resto do sistema. Adeptos dessa modalidade terapêutica acreditam que um casamento pode, por si só, tornar-se mais satisfatório, simplesmente porque pela primeira vez, em anos, os pais param de pensar somente no filho problema, redescobrindo um ao outro e recomeçando, em conseqüência disso, um relacionamento mutuamente satisfatório.

Acredito que esse modelo terapêutico é inadequado para aquelas famílias que se apresentam sensivelmente infelizes e necessitam de uma abordagem psicodinâmica, que lida com sentimentos e ajudam a família a refletir sobre seus medos e ansiedades. Mas, em alguns casos, uma abordagem mais pragmática e autoritária pode envolver toda a família, de forma cooperativa, mais eficazmente do que um enfoque dinâmico aparentemente mais permissivo e vago.

De qualquer forma, vale a pena questionarmos se somente o objetivo de aliviar os sintomas é o suficiente, e se a ausência de sintomas após a terapia não pode na verdade significar que os mesmos foram suprimidos ao invés de superados, podendo, então, retornarem posteriormente de modo alterado.

BIBLIOGRAFIA

Hoffmann, L. (1981), *Foundations of Family Therapy*, Basic Books, Nova York.

Weakland, P.; Watzlawick, P.; Fisch, R. e Bodin, A. M. (1971), "Brief therapy: focused problem resolution", em *Family Process,* 13:141-168.

CAPÍTULO 4

O Grupo de Milão

Eles estão jogando o jogo deles.
Eles estão jogando de não jogar um jogo.
Se eu lhes mostrar que os vejo tal qual eles estão,
quebrarei as regras do seu jogo,
e receberei a sua punição.
O que eu devo, pois, é jogar o jogo deles,
o jogo de não ver o jogo que eles estão jogando.

Ronald Laing

4.1. — CONCEITOS BÁSICOS

A descrição dessa modalidade terapêutica baseia-se no livro de Pallazoli, Boscolo, Cechin e Prata (1978), intitulado *Paradox and Counterparadox*, e na experiência obtida sobre essa abordagem através da participação em alguns *workshops* oferecidos por esse grupo em Londres. Baseio também essa apresentação no trabalho, não publicado, de Campbell, Draper, Reder e Polland, terapeutas de família da Clínica Tavistock, em Londres, por oferecer uma síntese clara e compreensível sobre os conceitos teóricos e práticos postulados pelo grupo de Milão.

Influenciados pelos pesquisadores e clínicos do Mental Research Institute e baseando-se na teoria geral dos sistemas, Pallazoli e seus colegas enfatizam o paradoxo básico existente nas famílias. Para esses autores, o distanciamento e intimidade entre os membros de uma família se organizam ao redor do seguinte paradoxo: todos os membros de uma família dependem de relacionamentos íntimos uns com os outros e de padrões estáveis de interação, a fim de obterem *feedback* sobre comportamentos e percepções de si próprios e dos outros. Mas, ao mesmo tempo, esses relacionamentos estão sempre se modificando devido ao desenvolvimento biológico de cada um deles e às influências externas exercidas sobre a família.

Algumas famílias lidam apropriadamente com esse dilema. Outras, contudo, apresentam-se incertas quanto a mudanças, as quais são percebidas como uma ameaça aos padrões estáveis de relacionamento. Por exemplo, numa família onde a ligação mais intensa se dá entre pai e filha, o movimento natural da filha adolescente para fora do contexto intrafamiliar pode significar uma ruptura irreparável no relacionamento entre pai e filha, ao invés de gerar interação mais intensa da filha com seus amigos e maior fortalecimento da interação entre pai e mãe.

Como resultado da incapacidade de lidar com mudanças, os membros da família se comportam de maneira a limitar crescimento e alterações nos padrões estáveis de interação. Esse dilema, mudar/não mudar, traz à tona problemas que podem se tornar tão dolorosos para os membros da família e para aqueles que interagem com a mesma, que um terapeuta familiar pode ser procurado ou indicado.

Adeptos dessa abordagem enfatizam que *famílias sintomáticas* têm tendência a comportar-se da seguinte maneira:

1 — Comportam-se como se o problema não existisse a nível sistêmico. Mantêm uma visão linear do problema. Por exemplo: "Nossa dificuldade é a agressividade do filho mais velho". Famílias sintomáticas tendem a focalizar o problema em um membro da família ou a limitar-se a um aspecto do comportamento da família.

2 — Restringem a visão da realidade. A dificuldade é vista como sendo causada por alguns eventos ou pessoas, o que conseqüentemente dificulta a percepção de uma perspectiva mais ampla e a encontrar uma solução entre várias alternativas.

3 — Agem como se fosse intolerável obter uma informação acurada dos eventos e relacionamentos que envolvem o problema. Dessa maneira, vários relacionamentos e eventos são deixados indefinidos e obscuros. Os membros de famílias sintomáticas têm tendência a "esconder" as percepções que têm uns dos outros.

De modo geral, a epistemologia de famílias sintomáticas parece declarar: qualquer membro pode procurar uma nova definição de seus relacionamentos, mas somente dentro do contexto de que nada mudará quanto aos seus aspectos mais vagos e obscuramente definidos desses relacionamentos. Tal epistemologia nega o fato de que o indivíduo é insoluvelmente parte de um sistema mais amplo e que, se um indivíduo define os vários relacionamentos dentro de um sistema, inevitavelmente isso afetará a rede de relacionamentos existentes no sistema. Portanto, para o Grupo de Milão, o membro sintomático de uma família pode ser ajudado, quando a percepção restrita de seu problema, de si mesmo e dos outros membros é ampliada. Ou seja, quando a família é ajudada a encarar a natureza paradoxal de seus comportamentos, ou quando a natureza dos relacionamentos entre os membros é definida mais claramente.

4.2 — O PROCESSO TERAPÊUTICO

O primeiro contato com a família é feito através do telefone. A equipe terapêutica estabelece um horário especial para as chamadas, de maneira tal que pelo menos um terapeuta esteja disponível para atender aos telefonemas.

Ao longo do telefonema, vários dados importantes sobre a família são observados. Por exemplo, tom de voz, maneira de se comunicar e tentativas de manipulação para obter a sessão em dias, horas determinadas, e quem deverá participar da mesma. A colheita de dados, através do telefone, é feita numa inversão de papéis, como se o terapeuta é que estivesse pedindo algo à família.

As informações obtidas nesse primeiro contato telefônico são colocadas em formulário padronizado.

Nome da pessoa ou instituição que encaminhou a família

Data da chamada

Nome, estado civil, classe social, profissão do pai e da mãe e das crianças por ordem de nascimento

Data do casamento

Outras pessoas que moram na casa e grau de parentesco

Problema

Quem telefonou

Observações

Informações provenientes de quem encaminhou a família.

Sala de atendimento: é equipada com microfone, gravador e espelho unidirecional, dando para uma sala de observação contígua.

A equipe necessita de no mínimo um terapeuta, que tem como função entrevistar a família, e de um a dois terapeutas, preferivelmente três, para observar a entrevista por detrás do espelho unidirecional. Os membros da equipe que observam a sessão devem anotar as hipóteses levantadas durante a pré-sessão, as informações significantes reveladas durante a sessão e as frases e palavras-chave utilizadas pela família as quais deverão ser usadas pela equipe na formulação da intervenção sistêmica.

Embora seja possível que o grupo se torne internalizado, servindo dessa maneira sua função para o terapeuta que necessita trabalhar sozinho, adeptos dessa abordagem acreditam que o trabalho em equipe é essencial.

Na primeira entrevista, a família é informada sobre a modalidade de trabalho em equipe e a utilização dos equipamentos. Geralmente, uma entrevista tem a duração de duas horas e meia. Meia-hora para a reunião preparatória ou pré-sessão, uma hora e meia para entrevista e discussão sobre a sessão com o objetivo de formular a intervenção sistêmica e subseqüente transmissão da mesma à família, e meia-hora para discussão da entrevista entre os membros da equipe. Portanto, uma entrevista, de acordo com essa modalidade terapêutica, envolve quatro fases distintas: 1) reunião preparatória; 2) entrevista; 3) intervenção sistêmica e 4) reunião pós-entrevista.

Reunião Preparatória

Antes de cada entrevista, a equipe terapêutica organiza as informações existentes sobre a família e formula hipóteses sobre o problema apresentado. O processo, através do qual as hipóteses são levantadas, envolve suposição de como a família se organiza ao redor do comportamento sintomático apresentado por um ou mais de seus membros, e de como a família interage com o profissional ou instituição que a encaminhou para terapia. Levantam-se, ainda, proposições de como o relacionamento entre os membros da família previne que haja um processo natural de desenvolvimento de todo o grupo.

Durante essa fase, a equipe se pergunta: "Qual é a utilidade desse sintoma para o indivíduo?" e "Qual é a utilidade para o sistema familiar possuir um membro sintomático?" Respostas a essas perguntas fornecem uma explicação temporária do porquê do sistema familiar apresentar-se com problemas, nesse determinado momento. As hipóteses levantadas se tornam cada vez mais sistêmicas, à medida que se coletam mais informações sobre a família.

Cada família possui uma assinatura sistêmica única, mas, como as famílias passam por estágios semelhantes de desenvolvimento, existem conflitos e tentativas de soluções comuns entre elas. Dessa maneira, para famílias divorciadas, adeptos dessa modalidade terapêutica provavelmente levantariam a hipótese de que o sintoma da criança estaria servindo, de alguma forma, para manter juntos os pais divorciados, fornecendo oportunidade para maior contato entre os pais do que se a criança não fosse sintomática.

Se é observado que perda é o tema central da família, pode-se levantar a hipótese de que, quando o filho mais velho se mudou de casa para estudar em outra cidade, provavelmente deixou vago um papel de triangulação, que está sendo ocupado pelo membro sintomático. Uma hipótese inicial com uma família de imigrantes geralmente inclui a idéia de que o sintoma representa a indecisão da família sobre onde viver permanentemente.

Uma suposição básica no levantamento de hipóteses é que os membros de uma família têm que competir por uma posição de maior intimidade com o outro, principalmente competição entre os filhos, para maior intimidade com os pais. Inevitavelmente, isso leva à rivalidade, ajustamento de posição e à constante busca por um envolvimento mais viável entre os membros.

Retornando à família *A*, vamos analisar as possíveis hipóteses levantadas pela equipe terapêutica, a partir das informações colhidas através do contato telefônico. Quem procura ajuda é a mãe, por sugestão de uma amiga que é psicóloga, solicitando entrevista para ela e seu filho, devido à relutância do filho em ir à escola. O terapeuta solicita o comparecimento de toda a família e a mãe refere que o marido terá dificuldades em participar do tratamento, pois trabalha muito.

Frente à insistência do terapeuta, a mãe relata que, se a presença do marido é assim tão importante, ela então tentará convencê-lo a comparecer à sessão. Quanto à presença de Ruth, a mãe refere que, como essa não apresenta problema nenhum, talvez sua presença não seja necessária. Acaba, contudo, por aceitar a sugestão do terapeuta de que toda a família venha à entrevista.

A partir desses dados e das suposições básicas formuladas por essa abordagem, as seguintes suposições podem ser levantadas:

1 — *Ciclo de vida familiar*. Alberto está na adolescência, provavelmente enfraquecendo sua aliança com o núcleo familiar. Uma fase de transição para toda a família, o que deve estar provocando desequilíbrio no sistema.

2 — *Alberto e mãe*. No contato telefônico com o terapeuta, a mãe solicita uma entrevista para si e para o filho, o que sugere a idéia de que a interação entre eles é bastante intensa. Possivelmente o crescimento de Alberto está gerando um maior distanciamento entre ambos. Dessa maneira, Alberto pode estar competindo com a irmã para ganhar uma posição de maior intimidade com a mãe. Por sua vez, o crescimento de Alberto pode estar levando a mãe a sentir que sua função de mãe está enfraquecendo. Pode-se ainda questionar se a Sr.ª *C* quer os filhos somente para si.

3 — *Mãe e pai*. Alberto talvez preencha a função de marido, para sua mãe. Se esse for o caso, o crescimento de Alberto ameaça o relacionamento entre o Sr. *B* e a Sr.ª *C*.

4 — *Ruth*. Caso Ruth tenha um relacionamento muito próximo com o pai, o crescimento de Alberto pode acarretar maior aproximação entre ela e o pai, exacerbando o medo da realização de um relacionamento incestuoso.

5 — *Pai*. Se a hipótese anterior estiver correta, parece possível que o Sr. *B* esteja também ansioso quanto a uma maior aproximação

com a filha, decorrente do crescimento de Alberto. Pode ser viável também que, se o filho preenche uma função de marido para a mãe, seu crescimento pode levar a maiores exigências por parte da esposa.

Essas hipóteses versam ao redor de um único tema, ou seja, o sintoma de Alberto aparece devido aos aspectos encobertos, obscuros e não definidos do relacionamento entre os membros, levando a família a não conseguir negociar no seu processo natural de desenvolvimento.

Entrevista — A técnica de entrevista utilizada pelo Grupo de Milão é denominada questionamento circular, e tem como finalidade: 1) obter informações que irão confirmar ou não as hipóteses formuladas na reunião preparatória, 2) envolver toda a família, e 3) questionar as diferenças existentes entre seus membros e os sistemas de valores da família.

Questionamento circular significa que o terapeuta se coloca diante da família de forma neutra, como se estivesse somente procurando coletar dados sobre a vida em família, perguntando a todos os membros sobre isso. Além disso, cada pergunta é construída a partir da informação fornecida pela família em relação à pergunta anterior. O terapeuta, de forma metódica e constante, amplia seu campo de exploração até se deparar com um padrão de indagação significante para todo o sistema. A interação entre os membros da família, durante a entrevista, é fortemente desencorajada.

O terapeuta mantém o seu ritmo, persistindo sempre no estilo pergunta-resposta. Não se interessa apenas pelo conteúdo das informações, mas sobretudo pelo modo como as informações são fornecidas, pois isso indica o estilo interacional do sistema.

Fragmentos de uma sessão esclarecem a técnica de questionamento circular utilizada por essa modalidade terapêutica.

Terapeuta: — Quem primeiramente notou o problema?

Mãe: — Eu. Eu achei o dinheiro que ele havia roubado, no bolso de sua calça.

Terapeuta: — Você notou. Quando você achou o dinheiro no bolso da calça de seu filho, com quem primeiramente conversou sobre isso?

No decorrer da entrevista, o terapeuta pergunta: "Como você explica que ele tenha pego o dinheiro?"

Mãe: — Eu acho que existe alguma coisa errada com a cabeça dele.

Terapeuta: — Você acha que existe alguma coisa errada com a cabeça de seu filho. Como seu ex-marido explica isso?

Durante a entrevista, fica claro que toda vez que o filho rouba, a mãe telefona para o ex-marido. Eles estavam divorciados há dois anos. O terapeuta, então, explora os triângulos *cross-generacionais* existentes no sistema familiar, através das perguntas: "Qual dos seus filhos está tentando mais mantê-los juntos?" "Suponha que um de seus filhos decida ficar com você depois que os outros saírem de casa, com qual deles você preferiria ficar?"

Perguntas que começam com "se" ou "suponha" são freqüentemente utilizadas pelo Grupo de Milão, pois permitem ao terapeuta lidar com a relutância da família em definir os aspectos obscuros de seus relacionamentos.

Se, por exemplo, a mãe se recusa a definir seus dois filhos como sendo iguais, por causa do sintoma de um deles, o terapeuta então a confronta com a seguinte pergunta: "Se um filho não apresentasse nenhum problema, qual deles seria mais próximo de você?"

Além disso, o terapeuta formula perguntas que fornecem novas alternativas para que a família pense sobre o problema. Por exemplo, perguntas como: "O que terá que acontecer ao seu filho para que pare de roubar?", ou "Que ajuda será necessária obter antes que as coisas mudem?", têm essa finalidade.

Adeptos do Grupo de Milão acreditam que, através desse estilo de entrevista, o terapeuta leve ativamente a família a uma série de novas conexões, ampliando o nível de conscientização sobre si mesmos e o problema.

Vamos analisar, então, quais seriam as possíveis perguntas utilizadas pelo terapeuta que adota essa técnica de entrevista, para testar as hipóteses levantadas sobre a família *A*. Provavelmente, uma primeira entrevista com essa família versaria sobre os seguintes temas:

— Qual é o problema?

— Quem primeiramente notou a relutância de Alberto em ir à escola?

— Quem faz o quê em relação ao problema?

— Quem se aproximou de quem, com a relutância de Alberto em ir à escola?

— Quem se distanciou de quem, desde o surgimento do problema?

— Como vocês se davam antes e depois do aparecimento do problema?

— Quem está mais preocupado com o problema?

— Suponha que Alberto decida ir à escola, quem então ficaria mais próximo da mãe?

— O que acontecerá no futuro se Alberto decidir retornar à escola?

— O que precisa acontecer antes que Alberto decida freqüentar a escola?

Essas perguntas seriam dirigidas a todos os membros da família. Por exemplo, após a resposta da mãe o terapeuta pode perguntar ao pai: "Você concorda com o que sua esposa disse?" Após a resposta do marido o terapeuta pergunta aos filhos: "O que você acha da resposta de seu pai, Alberto?", "E você, Ruth, o que você acha da resposta de Alberto?".

No caso de um membro se recusar a responder as perguntas, o terapeuta pode perguntar a um outro sobre o membro silencioso e retornar a este perguntando se concorda ou não com o que foi dito sobre ele. Se o silêncio persistir, o terapeuta então pode dirigir-se a um deles, querendo saber se um deles não fala porque não pode ou porque escolheu não falar, ou, então, qual seria a resposta do membro silencioso, caso decidisse dar a sua opinião.

Intervenção ou Diagnóstico Sistêmico

Após a entrevista, a equipe terapêutica se reúne novamente para organizar as novas informações obtidas durante a entrevista, para chegar a uma conclusão sobre as hipóteses levantadas e para preparar uma intervenção sistêmica que o entrevistador deverá comunicar à família.

Essa prática tem como finalidade confrontar o sistema familiar de tal maneira que se torne desorganizado (alteração da homeostasia) e se reorganize subseqüentemente a partir das novas informações introduzidas pela equipe terapêutica.

O conteúdo das novas informações geralmente tem como objetivo definir claramente os aspectos vagos e obscuros dos relacionamentos entre os membros, enquanto, ao mesmo tempo, suporta a crença da família de que o contexto de seus relacionamentos não pode mudar. A intervenção sistêmica envolve, portanto, uma mensagem paradoxal dirigida a todos os membros da família.

Além disso, um princípio terapêutico fundamental para o Grupo de Milão é a *conotação positiva* do comportamento sintomático. Dizer ao membro sintomático que ele está fazendo um grande sacrifício por toda a família, ou que ele tem uma idéia errônea de que deve trabalhar por todos, é a maneira utilizada por essa abordagem de qualificar positivamente o comportamento sintomático de um ou mais membros do sistema, comportamento motivado pela tendência homeostática do sistema. O que se conota positivamente, porém, é a tendência homeostática do sistema e não os membros da família. Os terapeutas vão até o ponto de prescrever essa tendência.

Para Pallazoli e seus colegas (1978) a conotação positiva permite: a) ter acesso ao sistema, confirmando sua tendência homeostática; b) conotar positivamente a tendência homeostática do sistema para introduzir paradoxalmente a capacidade de transformação; c) colocar todos os membros do sistema em um mesmo nível, na medida em que eles são complementares em relação ao sistema; d) diminuir os terapeutas como membros do sistema; e) definir claramente a relação família-terapeutas e f) definir o contexto como terapêutico.

Retornando à família *A*, suponhamos que as hipóteses levantadas na reunião preparatória foram confirmadas durante a entrevista. Ao retornar à sala de consulta, o terapeuta primeiramente marca a próxima entrevista. Geralmente as entrevistas são marcadas num intervalo de 3 a 4 semanas, para que as informações oferecidas pela equipe possam reverberar em todo o sistema. Após esse arranjo, o terapeuta comunica à família a seguinte mensagem elaborada pela equipe terapêutica:

"Obrigado a todos vocês por terem vindo hoje e por terem se esforçado para comparecer a esta entrevista. Admiramos a maneira pela qual vocês criaram dois filhos tão interessantes e tão diferentes um do outro.

Ruth é bastante capaz e está indo bem na escola. Alberto é bastante sensível e capaz de ficar em casa o dia todo, fazendo companhia para sua mãe.

Em algumas famílias, ser diferente leva à competição e rivalidade, mas não é o que observamos nesta família.

O que nós vemos é que Alberto está se sacrificando para o bem de toda a família. Ele decidiu não crescer, por enquanto, e está mantendo toda a atenção para si em benefício de todos. Dessa maneira Ruth pode continuar sendo capaz, e um exemplo. A Sr.ª *C* tem com quem se preocupar e o Sr. *B* não é bombardeado com exigências por parte de sua esposa quando volta para casa, após exaustivo dia de trabalho.

Alberto é pessoa central nessa família, por causa do grande sacrifício que está fazendo. Nós não sabemos ao certo se o problema de Alberto é ele não querer ir à escola, ou se ele está dominado pela sua decisão de não querer crescer, por enquanto.

Alberto pode decidir, mais tarde, que prefere ir à escola, ter seus amigos e gostar de fazer o que outras pessoas de sua idade fazem, mas ele decidiu esperar. É importante que Alberto continue dessa maneira até que sinta que não precisa mais fazer esse sacrifício pela família."

Caso existam algumas perguntas ou questionamentos por parte da família, o terapeuta sugere de modo firme que elas podem ser discutidas na próxima entrevista.

Analisando a intervenção sistêmica para a família *A*, notamos que foi escolhido o tema competição e rivalidade, pois o tema fundamenta a organização dos relacionamentos entre os membros e é relevante para todos eles. É o tema unificador do sistema, a assinatura sistêmica da família. Esse tema, porém, é introduzido paradoxalmente:

..."Em algumas famílias, ser diferente leva à competição e rivalidade, mas não é o que observamos nesta família..."

A seguir, o comportamento sintomático é conotado positivamente: "O que nós vemos é que Alberto está se sacrificando para o bem de toda a família..." Além disso, desde que o sintoma é somente um sinal de que existe conflito nos relacionamentos entre eles, é importante trazer à superfície os aspectos obscuros e indefinidos desses relacionamentos.

Dessa maneira, o membro sintomático e os demais são colocados em um mesmo nível, introduzindo a idéia de que todos eles estão em total desarmonia, ao mesmo tempo em que todos se comportam de forma a preservar a unidade do sistema familiar: "...Alberto decidiu não crescer, por enquanto, em benefício de todos, e está mantendo toda a atenção sobre si. Assim, Ruth pode continuar sendo capaz, e um exemplo. A Sr.ª *C* tem com quem se preocupar durante o dia, e o Sr. *B* não é bombardeado de exigências por parte de sua esposa ao voltar para casa, após exaustivo dia de trabalho..."

Esse trecho põe também em relevância e clarifica o paradoxo ao redor do qual a família se une: "...Alberto decidiu não crescer, por enquanto, e está mantendo toda a atenção sobre si, em benefício de todos..." A seguir, a equipe sugere comportamentos alternativos: "...Alberto pode decidir mais tarde que prefere ir à escola, ter seus amigos e gostar de fazer o que outras pessoas de sua idade fazem, mas ele decidiu esperar..."

E, no final, a equipe prescreve a tendência homeostática do sistema: "...É importante que Alberto continue dessa maneira, até que sinta que não precisa mais fazer esse sacrifício pela família..." Essa mensagem tem o objetivo de colocar o terapeuta tanto na posição de quem procura mudar o sistema, como na posição de não-mudança, o que anula qualquer tentativa por parte da família de derrotar o terapeuta. Adeptos dessa abordagem acreditam que essa posição confusa aumenta a tendência da família em procurar novos relacionamentos entre os membros e novas organizações do sistema.

À medida que o entrevistador comunica à família o diagnóstico sistêmico, a equipe fica alerta aos sorrisos, perplexidades e a qualquer outro sinal que indique que a mensagem está tendo algum efeito na família. Qualquer comunicação por parte da família, durante ou após a comunicação do diagnóstico sistêmico, é tida como dado importante a ser utilizado no levantamento das hipóteses para a próxima sessão.

Geralmente, se a família solicita uma entrevista antes da data marcada, a equipe recusa esse encontro, acreditando ser a solicitação uma tentativa de desqualificar a intervenção da sessão anterior.

Durante a *discussão pós-sessão*, a equipe avalia a sessão e investiga possíveis temas que não foram suficientemente explorados. Se a equipe sente que determinado tema é importante para a família, ele pode formar as bases para novas hipóteses que irão direcionar a equipe para a próxima sessão.

No decorrer da terapia, a fronteira que delimita o sistema familiar e o sistema terapêutico torna-se inevitavelmente mais fraca. A família não fica mais perplexa ou surpresa com as intervenções, podendo adotar um relacionamento complementar com a equipe terapêutica. Dessa forma, Campbell e seus colegas (1982) acreditam ser extremamente importante que as hipóteses levantadas envolvam também o relacionamento da família com a terapia. Por exemplo, as suposições levantadas pela equipe deveriam fazer conjecturas sobre relacionamentos específicos dos membros da família com a equipe terapêutica os quais estariam inibindo o processo de mudança da família.

Quando termina a terapia? Como mencionamos anteriormente, o objetivo principal dessa abordagem é confrontar ou perturbar o sistema familiar e, então, recuar para permitir à família que se reorganize à sua maneira. Acredita-se não haver possibilidades de predizer que tipo de mudanças ocorrerão, nem as soluções que o sistema familiar encontrará ao ser confrontado pelas intervenções terapêuticas. Portanto, o critério em que a equipe se fundamenta para finalizar a terapia encontra-se mais no sistema familiar do que na equipe terapêutica.

O objetivo da terapia é trabalhar com as famílias até que elas comuniquem à equipe que os relacionamentos entre os membros foram reorganizados de maneira tal que o comportamento sintomático não se faz mais necessário. Os pais podem tornar-se mutuamente mais próximos, um membro pode começar a se relacionar mais com seus amigos, colegas etc., ou o membro sintomático pode estar interagindo mais com seus irmãos. Sinais como esses indicam que a terapia deverá ser finalizada.

Podemos concluir que o Grupo de Milão é o que mais fortemente vem tentando aplicar a epistemologia circular proposta por Bateson, em conceitos teóricos e práticos sobre família. Nesse momento, eles estão atuando em direções diferentes das adotadas ao escreverem o livro *Paradox and Counterparadox*. Boscolo e Cechin estão ensinando essa modalidade terapêutica em Milão, nos demais países da Europa, assim como no Canadá e Estados Unidos. Selvini e Prata, além de ministrarem *workshops*, principalmente na Europa, continuam a desenvolver atividades de pesquisa. Como formam agora duas equipes diferentes, espera-se que desenvolvam diferenças entre si, assim como entre seus inúmeros adeptos.

BIBLIOGRAFIA

Pallazoli, M. S.; Boscolo, L.; Cechin, G.; Prata, G. (1978), *Paradox and Counterparadox*, Janson Aronson, Nova York.

CAPÍTULO 5

Esquema comparativo das terapias estrutural, estratégica breve e a do Grupo de Milão

5.1 — CONCEITOS BÁSICOS

	Estrutural	*Estratégica breve*	*Grupo de Milão*
Agente Terapêutico	Terapeuta Individual. O terapeuta representa uma caixa de ressonância, trabalhando em diferentes níveis de proximidade, como se fosse ao mesmo tempo ator e diretor. Enfatiza a utilização do *self* do terapeuta.	Equipe Terapêutica (mas são flexíveis quanto a isso); fornecendo um subsistema terapêutico para estimar o padrão de comportamento que mantém o problema e a intervenção a ser utilizada, que irá alterar o problema.	Equipe Terapêutica. Enfatiza a neutralidade do terapeuta, fornecendo um subsistema terapêutico que enfatiza objetividade, e busca um consenso sobre as hipóteses e intervenção ou diagnóstico sistêmico.
Comunicação	Concentra-se na comunicação através da representação. Utilização da comunicação concreta, metafórica e não-verbal. Estimula e propicia interação entre os membros, enfatizando a exploração de diferenças dessas interações.	Concentra-se na comunicação verbal e não-verbal. Ênfase nos padrões de comunicação que mantêm o "problema".	Concentra-se na comunicação verbal. Ênfase no questionamento circular através do qual exploram-se diferenças.
Mudança	Em situações disfuncionais, a família é incapaz de reorganizar padrões usuais de interação, o que as impede de lidar com novas	As situações disfuncionais se desenvolvem através de superênfase, ou subênfase nas dificuldades cotidianas. A equipe terapêutica	Em situações disfuncionais, a família está "impedida" de prosseguir o seu ciclo de vida. A equipe terapêutica identifica como a fa-

	Estrutural	Estratégica breve	Grupo de Milão
Sistema	circunstâncias (intra ou extrafamiliais). O terapeuta se insere no sistema para criar uma crise terapêutica, e mudanças ocorrem nesse contexto terapêutico sistêmico (família + terapeuta). Considera a família como um sistema complexo, composto por subsistemas com diferentes funções. Enfatiza a interação entre os subsistemas nos diferentes níveis de desenvolvimento.	identifica qual é o problema (pensa pequeno), como ele está sendo mantido e como poderá ser alterado, utilizando para isso meios que possam parecer ilógicos. Considera mais o comportamento mantenedor do problema e suas tentativas de redução, do que o sistema *per si*. Pode intervir em um membro da família, em um subsistema, na família toda ou em sistemas extrafamiliais.	mília mantém essa situação e intervém para alterá-la, mas, mudanças ocorrem basicamente dentro da própria família, através de intervenções externas mínimas que envolvem conotação positiva. O sistema familiar é visto como uma unidade total, mas levando também em consideração os grupos sociais com os quais a família interage. Minimização do conceito de organização dos subsistemas e hierarquia na família.

5.2 — PRÁTICA

	Estrutural	Estratégica breve	Grupo de Milão
Tempo de Intervalo das sessões	Sessões semanais. Geralmente, maior freqüência no início, com intervalos maiores durante a fase final da terapia.	Semanais, por um período de 10 sessões.	Sessões uma vez por mês, pois algumas semanas são necessárias para que as informações oferecidas pelos terapeutas possam reverberar no sistema.
Estrutura da sessão	Evita pré-sessões para que o terapeuta possa mais facilmente unir-se ao sistema.	Sessões e intervenção (prescrição) e pós-sessão.	Pré-sessão, sessão, inter-sessão (diagnóstico sistêmico) e pós-sessão.
Colheita de dados	Através da dramatização. O terapeuta cria cenários nos quais cada membro da família fala por si, tornando evidente suas diferenças.	Através de focalização no problema e nas tentativas de resolução do mesmo.	Através de questionamento circular. O terapeuta inicia as perguntas, solicitando aos membros que discutam *sobre* a opinião de cada um deles e *sobre* suas diferenças.

	Estrutural	Estratégica breve	Grupo de Milão
Postura do terapeuta	O terapeuta é um *expert* que se une ao sistema, ao mesmo tempo em que o confronta e o provoca. O terapeuta alia-se alternadamente com diferentes partes do sistema a fim de reequilibrá-lo.	O terapeuta atua predominantemente através de sugestões ou propostas em lugar de ordens diretas. Adota uma postura "por baixo", de aparente ignorância ou confusão. Acredita que os pacientes, como outras pessoas, aceitam e seguem conselhos mais rapidamente, quando o terapeuta evita parecer forte e seguro.	Neutra. Une-se ao sistema total. A inter-sessão propicia a neutralidade do terapeuta durante a sessão.
Propiciando mudanças	Mudanças ocorrem na sessão e em casa através de designação de tarefas.	Mudanças ocorrem em casa através da prescrição, geralmente paradoxal.	Mudanças ocorrem fora da sessão através do diagnóstico sistêmico a ser implementado em casa.

Embora cada uma dessas abordagens enfatize diferentes aspectos de um mesmo material, elas fundamentam-se num mesmo princípio básico, ou seja, na teoria geral dos sistemas. Dessa forma, encontramos muitos pontos em comum entre elas. Assim, o terapeuta familiar estrutural, ao enfatizar a organização familiar, não deixa também de levar em consideração os padrões de comunicação estabelecidos pelo sistema familiar, tão relevados pelos estratégicos breve; e vice-versa. Por sua vez, o Grupo de Milão, apesar de trabalhar mais fortemente com o dilema da família em relação a mudar/não mudar, necessariamente apóia-se para tanto em conceitos formulados pelas duas outras abordagens.

CAPÍTULO 6

A abordagem psicanalítica

Acho que falei sobre o amor que dedicamos à nossa mãe, mas não sei se falei do ódio também e do amor que havia entre nós, e do ódio também, terrível, nessa história comum de ruína e de morte que era a história daquela família, a história do amor como a história do ódio e que foge ainda à minha compreensão, é ainda inacessível para mim, escondida nas profundezas da minha carne, cega como o recém-nascido de um dia.

Marguerite Duras

Como relatamos no Capítulo 1, nos anos 50, na Califórnia, Gregory Bateson e seus colegas iniciam a pesquisa em comunicação humana e, a partir de observações de famílias de esquizofrênicos, formulam noções inovadoras sobre a natureza, etiologia e terapia de esquizofrênicos. Concomitantemente, no outro lado do Atlântico, mais precisamente na Inglaterra, a teoria psicanalítica freudiana vinha aumentando seu prestígio e passando por algumas modificações. O indivíduo começa a ser estudado não isoladamente, mas como parte de uma unidade. Inicia-se, então, a Escola Psicanalítica Britânica, que fundamenta seu corpo teórico nos estudos das relações com o objeto. A partir desses estudos, são desenvolvidos os conceitos de identificação-projetiva, continência e contratransferência, como foram descritos por Klein, Bion, Winnicott e Fairbairn, entre outros.

Esses conceitos foram mais recentemente aplicados no trabalho com famílias, por Sally Box e seus colegas (1981), no Departamento de Adolescentes, da Clínica Tavistock, em Londres. A apresentação da terapia familiar de abordagem psicanalítica se baseia nos conceitos clínicos e teóricos desenvolvidos por esse grupo e na nossa experiência clínica com famílias, apoiada nesses conceitos.

6.1 — NOÇÕES BÁSICAS

O estudo da dinâmica familiar envolve duas unidades sociais primárias. A família de origem, através da qual cada um dos cônjuges construiu seus padrões de relacionamento, e a família nuclear, através da qual os padrões de relacionamento aprendidos e vivenciados, a nível consciente e inconsciente, pelos cônjuges durante a infância e a adolescência são repetidos e continuamente desenvolvidos.

Essa formulação se fudamenta nos estudos psicanalíticos que mostram como os relacionamentos ocorridos entre a criança e seus pais estabelecem padrões para relacionamentos futuros e como conflitos não resolvidos durante a infância e adolescência reduzem a capacidade do indivíduo de construir, no futuro, relacionamentos mutuamente satisfatórios. Portanto, entender os conceitos psicanalíticos sobre o desenvolvimento da personalidade é pré-requisito para entender a dinâmica familiar.

Os estudos psicanalíticos distinguem três fases importantes nos primeiros anos de vida do indivíduo (denominadas por Freud de fases oral, anal e fálica). Essas fases se sobrepõem e a transposição de uma para a outra varia no tempo, de acordo com a experiência, maturidade e constituição genética de cada criança. De modo geral, essas três fases abordam aproximadamente do nascimento ao primeiro ano de vida, do primeiro ao terceiro ano e do terceiro ao sexto ano de vida. Recapitularemos os aspectos dessas fases que são mais relevantes para a compreensão da dinâmica familiar.

Primeira Fase

O primeiro ano de vida do bebê é marcado por seu contato com a mãe, que é o seu primeiro e mais importante relacionamento com o mundo externo. O principal interesse do bebê, nessa fase, é a satisfação de suas necessidades físicas, assim como a satisfação de sua necessidade de calor humano, que é obtido através do contato íntimo com a mãe. Segundo Winnicott (1965), a mãe "suficientemente boa" é capaz de responder naturalmente às necessidades de seu bebê. Isso se faz possível, segundo esse autor, devido ao desenvolvimento, na mãe, de uma "preocupação materna primária", que ocorre no período do nascimento do bebê, favorecendo relação harmoniosa entre as necessidades do bebê e as respostas providas pela mãe.

Essa relação harmoniosa entre mãe e bebê fornece, contudo, ao último, uma qualidade criativa onipotente. A mãe é a primeira ligação do bebê com o mundo externo, ou seja, um objeto que se posiciona externamente ao Eu, mas a fantasia do bebê (representada por uma forma primitiva de percepção da satisfação de suas necessidades) é de que o objeto (a mãe) é uma extensão de seu próprio Eu. Em outras palavras, o bebê quer o objeto e ele o tem, como se ele o tivesse criado; se o bebê não quer mais o objeto, por já estar satisfeito, o objeto não estará mais próximo dele.

Podemos então dizer que, no bebê, nas primeiras semanas de vida, o sentido do Eu e do Outro está subdesenvolvido. Para o bebê, a mãe é parte de si mesmo, sendo que nesse estágio ele parece ser incapaz de distinguir entre cuidados externos e uma experiência interna. Essa fase é denominada por Mahler (1975) de fase simbiótica.

Em biologia, o termo simbiose é definido como união permanente entre organismos, cada um deles dependendo do outro, para a sobrevivência. Considera-se que nas primeiras semanas de vida o relacionamento mãe e bebê se estabelece a partir de necessidades mútuas. Esse tipo de relacionamento é primordial, pois reduz no bebê sentimentos de vulnerabilidade e solidão, fornecendo-lhe coragem para desenvolver-se.

À medida que o bebê descobre que a maioria de suas necessidades será satisfeita a tempo, a fase simbiótica vai dando lugar a uma nova espécie de relacionamento entre mãe-bebê, no qual ambos, o Eu e o Outro, começam a ser reconhecidos pelo bebê. Mas, no início, esse processo é ainda precário. Em períodos de frustração, que acionam os impulsos destrutivos da criança, a pequena capacidade do bebê de diferenciar entre Eu e Outro pode ser submergida. Isso leva a criança a considerar que seus impulsos destrutivos pertencem ao objeto, que é então percebido como sendo mau e perseguidor. Esse processo forma a base para os mecanismos de projeção e introjeção bastante enfatizados por Klein (1955).

Segundo Melanie Klein,* desde o nascimento a criança é exposta à ansiedade gerada por dois instintos, o instinto de vida e o instinto de morte, ou seja, integração e destrutividade. Diante da ansiedade gerada pelo instinto de morte, o bebê projeta a parte do Eu que o contém, no objeto externo, representado pelo seio da mãe. Como resultado desse processo, o seio, que contém uma grande parte do instinto de morte do bebê, é percebido por este como sendo mau e perseguidor. A intrusão do instinto de morte no seio é freqüentemente percebida como se o seio tivesse sido fragmentado em vários pedaços; dessa maneira, o bebê é confrontado por múltiplos perseguidores. Parte do instinto de morte, que permanece no Eu, é convertido em agressão e dirigido aos perseguidores.

Concomitantemente a esse processo, estabelece-se uma relação com o objeto ideal. Assim como o instinto de morte é projetado no objeto externo, como uma maneira de aliviar a ansiedade, a libido (a energia que está à disposição do instinto de vida) é também projetada para criar um objeto que satisfará os instintos que lutam

---

* Uma descrição clara e resumida do trabalho de Melanie Klein é encontrada no livro escrito por Hanna Segal, intitulado *Introdução à Obra de Melanie Klein*.

para preservar a vida. Como com o instinto de morte, o bebê projeta parte da libido, e o restante é utilizado para estabelecer relacionamentos gratificantes com o objeto ideal. Portanto, não vendo sinais de diferenciação do Eu e do Outro, o bebê estabelece um relacionamento com dois objetos. Com o objeto mau, que é o seio frustrador mais as projeções dos próprios impulsos destrutivos do bebê no seio, e com o objeto bom, idealizado, que é o seio que gratifica, assim como as projeções dos próprios instintos de vida, neste.

O objetivo do bebê nessa fase é o de adquirir, manter dentro de si, e identificar-se com o objeto ideal. Portanto, a ansiedade predominante nesse período é que o(s) objeto(s) perseguidor(es) irá(irão) aniquilar o Eu e o objeto ideal. Assim, para preservar o Eu, percebido como sendo ameaçado pelos objetos perseguidores, como também para preservar o objeto ideal, o bebê utiliza mecanismos de defesa esquizóides, tais como intensificação da cisão entre objeto ideal e objeto ruim, excessiva idealização do objeto bom, negação e projeção.

Klein denominou essa fase do desenvolvimento do indivíduo, que ocorre nos três primeiros meses de vida, de posição esquizo-paranóide, porque a ansiedade básica envolvida nesse processo é paranóide e o estado do Eu e seus objetos é caracterizada pela cisão, que é esquizóide.

Os mecanismos de defesa esquizóides (cisão, idealização, identificação-projetiva, projeção e negação) são fundamentais no início de vida do indivíduo, pois capacitam-no a incorporar dentro de si a experiência com um seio bom e idealizado, cindido do seio persecutório, e prepara o caminho para posterior relacionamento com o objeto como um todo.

Por volta dos 4 meses de vida, quando o bebê já adquiriu um grau de consciência maior, e já reconhece a mãe como pessoa, inicia-se o relacionamento com objetos totais. Essa fase é denominada por Klein de posição depressiva, e é alcançada através de identificações repetidas com o objeto idealizado, o que favorece uma maior capacidade de superar a ansiedade de perseguição, sem que mecanismos esquizóides sejam utilizados intensamente.

Nesse período, o objeto ruim e o objeto idealizado começam a ser integrados, levando gradualmente à percepção de um objeto total. Passo a passo, com a integração do objeto, ocorre uma integração do Eu. A criança começa a tomar conhecimento de que é a mesma pessoa (ele mesmo), que ama e odeia o mesmo objeto (sua mãe), que pode ser bom uma hora e ruim em outra; satisfazer ou frustrar, e que pode, portanto, ser amada ou odiada.

Os objetos externos passam então a ser percebidos como independentes e capazes de reagir positiva ou negativamente, e o bebê desenvolve sentimentos de culpa. A ansiedade essencial do bebê nessa fase é que seu ódio, em momentos de intensa frustração, irá destruir ou destruiu o objeto que ele ama e de que é totalmente dependente (não somente o objeto bom externo, mas também o objeto bom introjetado). Assim, uma expressão de hostilidade para o objeto gratificador poderá resultar, na fantasia * infantil, como a perda desse objeto e o auto-aniquilamento. O bebê que morde o seio da mãe e procura feri-la, mesmo que a mãe não reaja com rejeição, sente culpa pelos seus impulsos destrutivos do objeto de que depende.

Dessa maneira, nesse período, o bebê fica exposto a sentimentos pouco experimentados na fase esquizo-paranóide. Sentimentos de culpa, perda irreparável e luto, derivados de sua fantasia onipotente, que o faz acreditar que seu ódio e hostilidade destruíram ou destruirão o objeto bom.

Essa fase mobiliza defesas novas, denominadas por Klein (1946) de sistema de defesas maníacas. Essas defesas envolvem uma regressão a mecanismos esquizo-paranóides, cisão, negação, idealização e projeção, mas desta feita organizadas para proteger o Eu da experiência da ansiedade depressiva. A negação da importância do seu objeto e do triunfo sobre o mesmo, o desprezo pelo objeto, o controle do mesmo e a desvalorização ocupam o lugar dos sentimentos depressivos (Hanna Segal, 1964).

A elaboração da posição depressiva depende, contudo, da capacidade de reparação da criança. A experiência que seu ódio e hostilidade destruíram ou destruirão o objeto bom mobiliza desejos de querer reparar o dano que acredita ter feito no objeto bom. Da mesma maneira que a criança acredita ter sido capaz de onipotentemente danificar ou destruir o objeto bom, ela acredita também que seu amor e carinho serão capazes de onipotentemente reparar ou trazer vida novamente ao objeto que acredita ter destruído ou danificado. O conflito depressivo, portanto, representa uma luta constante dos sentimentos de amor, ódio e impulsos reparativos experimentados pela criança.

Em circunstâncias favoráveis, a reaparição da mãe após períodos de ausência, sua atenção, carinho e amor, gradualmente modificam a fantasia onipotente da criança em relação ao seu poder de destruição.

---

* Fantasia, segundo Klein, significa o conteúdo primário dos processos mentais inconscientes e não simplesmente uma fantasia reprimida. Para essa autora, não existe impulso ou expressão desses impulsos que não seja vivenciado como fantasias inconscientes. Todos os impulsos, sentimentos e defesas são vivenciados em fantasias que dão a esses impulsos, sentimentos e defesas, uma vida mental, direção e propósito. Uma descrição detalhada do conceito kleiniano de fantasia é encontrada no artigo de Suzan Isaacs "A natureza e a função da fantasia" no livro *Os Progressos da Psicanálise*, Melanie Klein e outros, Ed. Zahar, Rio de Janeiro, 1982.

De modo semelhante, falhas em reaparições mágicas diminuem a fantasia onipotente da criança em relação ao seu poder de amor. Ela, então, gradualmente descobre os limites do seu amor e do seu ódio, e com o crescimento e desenvolvimento emocional descobre também maneiras eficazes de afetar a realidade externa.

Não obstante havermos focalizado até então o bebê no transcorrer de seu processo inicial de separação e individualização, os pais enfrentam os mesmos conflitos do bebê, embora de maneira complementar. A ansiedade do bebê e seus comportamentos podem reativar nos pais as próprias vivências que tiveram no momento evolutivo complementar.

Soifer et al. (1982) sugerem que a habilidade dos pais em conter os impulsos destrutivos dos filhos e ensinar-lhes a manter a vida depende de várias possibilidades: a) de entrar em regressão parcial ou inconsciente, regressão que vai ser maior ou menor conforme a flexibilidade de sua personalidade e a rigidez ou permeabilidade da repressão de suas vivências infantis; b) de encontrar em sua própria experiência o equivalente daquela que estão vivenciando; c) de tolerar a reativação das ansiedades que experimentaram, quando adquiriram a aprendizagem em pauta; d) de se libertar da regressão e voltar à sua condição de adultos e, e)· de questionar-se e modificar, se necessário, o modelo recebido.

Podemos dizer que, assim como para o bebê as posições simbióticas e esquizo-paranóides podem ou cristalizar-se em uma estrutura psicótica de personalidade ou favorecer a experiência de introjetar algo bom, para os pais possibilitam uma oportunidade de retorno às posições correspondentes e enriquecimento da personalidade ou então podem acentuar um padrão psicótico de funcionamento do grupo familiar.

Searles (1964) sugere que, ao longo dos anos, a família passa por um processo de individuação, de liberação a partir da simbiose. Segundo o autor, há determinado momento na vida do grupo familiar em que existe uma sensação hedonística de "unicidade" familiar simbiótica. A perda desse sentimento é vivenciada como intensa dor, que leva ao surgimento de atitudes defensivas. É o medo de abandonar os sentimentos penetrantes de serem todos um só coração e uma só cabeça. Essa fase é pré-requisito para desenvolvimento posterior; somente depois de ter aprendido a ser dependente é que se pode tornar autônomo.

Adultos que nunca conseguiram sair de uma posição simbiótica em suas famílias de origem, muito provavelmente se interessarão pelo correspondente de si mesmos no sexo oposto, perpetuando dessa maneira a fusão simbiótica que ambos os cônjuges não conseguiram transcender.*

As possibilidades de os filhos de tais casais terem uma dupla carga simbiótica não está fora de cogitação. O nascimento do bebê em um casal simbiótico é o nascimento de "ninguém", ou de alguém que, como pessoa independente, com características próprias, não existirá. No Capítulo 11 descreveremos mais detalhadamente as características de uma família simbiótica.

A posição esquizo-paranóide vivenciada pelo bebê corresponde também a uma dinâmica especial, um modelo específico de interação familiar. A evolução em direção à integração e maturidade será possibilitada quando os pais forem capazes de se identificar com os elementos dos impulsos destrutivos da criança, projetados sobre eles, sem contudo atuarem essas projeções (*acting out*).

Os pais devem fornecer um receptáculo para as projeções das partes do Eu sentidas como intoleráveis, absorver o que está sendo projetado e, ao invés de concordar com as demandas feitas pelo bebê, retransmitir as projeções de forma mais digerível, para que possam ser reintrojetadas pelo bebê.

Se, por exemplo, o bebê projeta nos pais sua agressividade e estes rejeitam o bebê de modo hostil, começa a ser estruturado um modelo de relacionamento entre os familiares em que a agressividade é inconscientemente percebida como algo ruim e ameaçador, que deve, portanto, ser mantida sob controle em um recipiente. O recipiente das projeções da agressividade do grupo geralmente é uma pessoa que irá personificar a agressividade para os demais, e pode ser tanto membro da família, possivelmente a própria criança, como "alguém" fora do círculo familiar. Dessa maneira, a família se vê livre da agressividade, mas quando o recipiente tenta livrar-se da imposição desse papel emergem ansiedades e conflitos na família.

Portanto, quando os pais não são capazes de conter as projeções dos filhos, conflitos intrapsíquicos, que ocorrem no interior do indivíduo, são exteriorizados, passando a assumir características de conflitos interpessoais entre os familiares. Dessa forma, assim como os bebês, encontramos famílias que fazem uso extenso de mecanismos esquizo-paranóides.

---

* Para Dicks (1967), a nível inconsciente, os cônjuges se escolhem a partir de um "encaixe" com personalidades, para um trabalho conjunto em direção à maturidade. Muitas vezes, contudo, o que ocorre é o desenvolvimento de defesas conjuntas para adiar um caminho doloroso em direção a crescimento e integração. Discutiremos tal conceito mais detalhadamente no capítulo 8.

Membros de famílias de estrutura esquizóide, por exemplo, não conseguem conter os sentimentos projetados sobre si próprios, sem contudo atuarem essas projeções. Nessas famílias, partes do Eu são prontamente projetadas em outros, que as aceitam com igual facilidade e desempenham certas funções para outros membros. Sentimentos agradáveis e dolorosos são cindidos, mantidos rigidamente separados e freqüentemente projetados, os primeiros em um membro "bom" e os segundos num bode expiatório "mau".

Seguindo esse ponto de vista, o membro sintomático é a pessoa sobre a qual convergem as deposições de toda a família. Como se os outros se aproveitassem da doença do que agora é "doente", para aparentemente se livrarem da própria.

Outras famílias projetam para fora do círculo familiar as partes intoleráveis do sistema irconsciente do grupo. Estabelece-se então um funcionamento familiar paranóide onde são afastados cuidadosamente da área de percepção da família os elementos de agressão, violência e morte. Constrói-se a partir daí um mundo no interior do grupo, restrito à supervalorização de certas idéias ou ideologias, por detrás das quais defende-se desesperadamente uma agressão não controlada. Os membros de tais famílias criam para si mesmos a ilusão de que se dão idealizadamente bem juntos, projetando então para fora da família (no mundo corrupto, repleto de delinqüentes) os impulsos hostis recíprocos, insuportáveis. A família paranóide reconstrói a realidade, não só mediante negação e fugas fóbicas, mas pode construir um sistema de ilusões verdadeiramente clínicas. Geralmente durante a adolescência de um ou mais de seus membros, quando a família fica exposta a sentimentos de agressividade, sexualidade, violência e independência, ela pode, como último recurso, projetar maciçamente agressividade e hostilidade no adolescente que passa a corporificá-los, tornando-se o membro violento e delinqüente.

Estamos falando, portanto, de mecanismos de defesa utilizados pelo grupo familiar, num padrão específico de interação, denominado por Ferreira (1963) e Byng-Hall (1973), de mito familiar. A função do mito familiar é a de evitar ou esconder uma conscientização do potencial interno, repudiado, implícito nos papéis desempenhados por cada um de seus membros.

Os papéis padronizados adotados em concordância mútua pelos membros da família, embora distorcidos, fornecem um esquema útil para ações sociais, mas podem reduzir a flexibilidade e capacidade da família em responder adequadamente a situações novas e não ensaiadas.

Em outras palavras, famílias sobrecarregadas de mitos, por não serem capazes de tolerar ambivalência, freqüentemente dependem de uma aderência rígida de cada um de seus membros a seus papéis, para reafirmação do mito. Essa reafirmação, entretanto, se faz possível às custas de projeção das imagens repudiadas fora do interior da família, ou às custas de projeções das imagens repudiadas em um membro da família (o doente), enquanto o objeto interno idealizado é projetado em outros membros (os dignos de elogios). Mas, qual é a mecânica que mantém o mito familiar? A identificação-projetiva é o processo através do qual não só os impulsos mas parte do mundo interno é cindida e projetada em fantasia, num objeto. Como conseqüência desse processo, o projetando fica desprovido dessa parte, que é então experimentada como se estivesse sendo possuída pelo objeto. Dessa forma, tanto a imagem de si mesmo como a do objeto ficam distorcidas.

Jaffe (1968) apresenta uma revisão cuidadosa da evolução do conceito de identificação-projetiva, inclusive um reconhecimento dos fenômenos clínicos antes de serem enunciados por Klein em 1946. Nessa época, Klein definiu identificação-projetiva como "uma combinação das partes cindidas do Eu e projeção dessas partes em uma outra pessoa". Mais tarde, em 1955, adicionou que o "sentimento de identificação com outra pessoa é devido a uma atribuição das qualidades ou atribuitos do Eu, no Outro". Klein visualizou esse fenômeno como sendo uma defesa, que surge nos estágios iniciais de desenvolvimento do indivíduo, caracterizadas por cisão do Eu e dos objetos.

Anna Freud (1936), no entanto, chama-nos a atenção para o processo de conluio existente no fenômeno de identificação-projetiva. Ela considera esse fenômeno defensivo como fornecedor de intensa gratificação do impulso projetado. Implícita nessa formulação está a idéia de disponibilidade, inconsciente ou não, do receptáculo das projeções, de estabelecer um conluio, para fornecer intensa gratificação em favor do outro. Na ausência desse processo conivente por parte do outro, o caráter defensivo do fenômeno de identificação--projetiva falha, ou a projeção é "perdida".

Os estudiosos da psicologia interpessoal, principalmente os estudiosos da dinâmica familiar, enfatizam ainda mais o processo interativo entre "projetando" e "projetado", incluso no fenômeno da identificação-projetiva.

Zinner e Shapiro (1972) relatam que uma variedade de termos, tais como simbiose, bode-expiatório e processos de projeções na família têm sido empregados qualitativamente para descrever relacionamentos nos quais um participante interage com o outro como se não fosse ele mesmo, mas sim uma outra pessoa. Esses termos, entretanto, possuem traços comuns: 1) o sujeito percebe inconscientemente o objeto como se o objeto contivesse elementos da personalidade do sujeito; 2) o sujeito pode evocar comportamentos e sentimentos no objeto em conformidade com as percepções do sujeito; 3) o sujeito pode experimentar vicariamente as atividades e sentimentos do objeto e, 4) os participantes de um relacionamento íntimo estão freqüentemente em conluio uns com os outros para manter projeções mútuas, isto é, superar as operações defensivas uns dos outros e para proporcionar experiências através das quais o outro possa participar intensamente.

É por meio da cumplicidade do emprego da identificação-projetiva que surgem, na família, os diverso papéis, muitas vezes estereotipados, desempenhados por cada um dos membros.

Antes mesmo do nascimento do bebê, o casal, isto é, os pais, introduzem-no em seu sistema de defesa. A partir do nascimento, uma variedade de coação por parte dos pais interage com os requisitos instintivos da criança para fixá-la como participante conivente do sistema inconsciente do casal, estabelecendo a partir dessa dinâmica o sistema inconsciente do grupo familiar.

Baseando-nos nas idéias de Ezriel (1968) sobre psicoterapia de grupo, podemos definir o sistema inconsciente do grupo familiar como "o denominador comum das fantasias inconscientes dominantes de todos os membros, o que permite que cada um deles se torne parte ativa ou aceite passivamente um certo papel e manipule outros (ou tolere ser manipulado por outros) para fazê-los assumir papéis particulares, com o resultado de, ao final, o grupo estar estruturado de tal maneira que as relações de objeto no grupo correspondam, de certo modo, ao que é exigido pelas diferentes relações objetais inconscientes de cada um de seus membros".

Mais recentemente, Bion (1959), Segal (1964), Rosenfeld (1965) e Ogden (1982) chamam nossa atenção para as diferentes finalidades da identificação-projetiva. Esses autores sugerem que tal mecanismo pode ser utilizado não só como defesa, mas também como forma de comunicação e como um caminho que leva a mudanças psicológicas.

Como modo de comunicação, identificação-projetiva é o processo através do qual sentimentos pertinentes ao Eu são projetados no Outro, criando, portanto, um modo de ser entendido, de "fazer parte do Outro". Esse mecanismo favorece os primórdios da empatia, mas se usado excessivamente leva à perda de identidade e perda de nitidez nas fronteiras que delimitam o Eu e o Outro.

Como um caminho que leva a mudanças psicológicas, identificação-projetiva é o processo através do qual sentimentos conflitantes podem ser processados psicologicamente pelo Outro, e tornados disponíveis para reintegração de modo alterado. Quando isso ocorre no interior da família, os membros são capazes de conter as projeções das partes intoleráveis do Eu e fornecer ao projetando uma oportunidade para reintegração.

O que resulta desse processo é a capacidade para integrar amor e ódio, e para tolerar a conseqüente ambivalência e ansiedade depressiva. Os membros da família conseguem perceber os outros e a si mesmos como indivíduos independentes, com sentimentos, necessidades e percepções próprias. Tais famílias, em geral, são capazes de enfrentar ambivalência, de maneira construtiva, favorecendo para todos a possibilidade de trazer no relacionamento familiar os aspectos regressivos que subsistam em cada um, sem que isso provoque perda de identidade e subseqüente utilização de mecanismos de defesa esquizóides.

Essa formulação nos fornece noções sobre o funcionamento ideal do grupo familiar. Na realidade, durante o seu ciclo de vida, o grupo familiar move-se alternadamente entre um funcionamento esquizoparanóide e depressivo. Esse movimento varia em força, dependendo da psicopatologia subjacente de seus membros, principalmente da psicopatologia subjacente dos pais.

Segunda Fase

Do primeiro ao terceiro ano de vida, a habilidade muscular da criança aumenta, ela aprende a engatinhar, a ficar de pé sem apoio, a andar e a falar, resultando daí maior capacidade de separação de seus pais. Além disso, as funções da parte terminal dos intestinos passam a ser tão prazerosas como o foram a da entrada do tubo digestivo, no primeiro ano de vida.

Esse é um período de crises de independência e controle. Ao mesmo tempo em que a criança deseja a imediata satisfação de seus impulsos, ela teme perder os objetos que ama e é dependente. Esses sentimentos, devido à fantasia de onipotência da criança, são bastante exagerados. A criança fica ansiosa face aos seus impulsos aparentemente incontroláveis, mas deseja também ser capaz de controlar seus pais, para que não a abandonem por causa de sua crueldade e exigências.

Nesse período, *toilet training* é fator importante no relacionamento da criança com seus pais. Ao passo que a criança está se tornando mais consciente de sua capacidade de separação, está também aprendendo os elementos básicos do dar e receber, existentes no relacionamento. Mas, devido a uma conscientização de si mesma em termos de corpo, a criança tende a equacionar o corpo com sua concepção do Eu. Assim, os produtos de seu corpo se tornam

85

importantes, no elementar dar e receber no relacionamento com seus pais.

O valor que os adultos dão à evacuação, nessa fase, leva a criança a fantasiar que os produtos fecais são material precioso e a querer guardá-los para si. O que sugere o aspecto sádico da criança, pois ao invés de oferecer suas fezes de presente, como expressão de amor, poderá retê-las como gesto hostil aos pais, que desejam a evacuação. Por outro lado, a criança pode considerar as fezes como objetos internos destrutivos, que podem ser eliminados através da evacuação. Nas relações objetais, a excreção pode assumir características de agressividade prazerosa, portanto, sádicas. Como é o caso, por exemplo, da criança que não usa o vaso sanitário para suas excreções, para contrariar os pais que desejam mantê-la limpa.

Nessa fase, o relacionamento da criança com os pais é envolto por sentimentos simultâneos de amor e ódio. Ao mesmo tempo em que ama seus pais e deseja cooperar com eles, por reconhecimento pelo amor que deles recebe, também os odeia, pois são obstáculos para a satisfação de seus impulsos. As exigências dos pais muitas vezes estão em desacordo com os impulsos da criança. Se a bexiga ou os intestinos estão cheios, a criança deseja esvaziá-los imediatamente para obter alívio de tensão e prazer.

A concomitância dos sentimentos contrastantes de amor e ódio em relação aos pais e a necessidade de satisfação de seus impulsos levam a criança a desejar dominar e controlar aqueles que a rodeiam e fazer tudo o que pode para ter prazer, mesmo à custa de sofrimento alheio. Mas, ao mesmo tempo, a criança teme que suas atitudes sádicas a façam perder o amor. Diante desse medo, a criança desenvolve então a necessidade de punição e castigo, que afasta magicamente o perigo de perder seus pais. Além disso, o castigo físico proporciona indiretamente à criança prazer pela estimulação das nádegas e outras partes do corpo. Assim, a complexa tendência a sofrer e a fazer sofrer, ou seja, masoquismo e sadismo, torna-se mais evidente nessa fase.

Os desejos da criança por prazeres sadistas de dominar às custas de sofrimento alheio, seu controle onipotente e sua luta para reconciliar suas necessidades contraditórias de separação e apego constituem crise para toda família. E, assim como na fase anterior e nas demais fases, constituem as bases para desenvolvimento do grupo familiar, servem como substrato de estruturas patológicas de relacionamento.

Em alguns casamentos podemos observar reflexos dessa fase de desenvolvimento. Por exemplo, naqueles onde cada um dos cônjuges tende a repetir no relacionamento marital a necessidade de dar e receber crueldade, estruturando dessa maneira uma interação sadomasoquista.

Encontramos também famílias que tentam controlar os impulsos de seus membros com o uso de atitudes próprias de fase anal: ordem, limpeza, meticulosidade e obstinação. Tais famílias agem com pormenor e minudência, cultivando simultaneamente uma firme regularidade em seus atos. Todos os filhos, desde cedo, devem conformar-se com um único tema comum como, por exemplo, honestidade e moralidade, e devem escolher para si um papel que se ajuste exatamente ao roteiro e às regras da família.

Não há improvisações, modificações, nem experimentação com novos temas. Qualquer desvio do papel prescrito ameaça o sistema de defesa do grupo familiar, gerando ansiedade de magnitude elevada. Quando a criança cresce e se recusa a desempenhar o papel prescrito, ou então ocorre a saída de um membro, advém desestabilização do sistema.

No consultório, geralmente essas famílias "mantém distância", parecem fornecer pouca informação e quando o fazem é de maneira detalhada; cada um dos membros, por sua vez, e somente quando o terapeuta lhes faz alguma pergunta.

A família cria em seu interior um mundo protetor e busca no terapeuta um aliado na consideração do problema, como se fosse a escola, que é muito permissiva, ou o médico, que não acerta a medicação para o filho. Sempre citam eventos extremos, a professora que sai chorando da sala pois não consegue controlar os alunos, ou a estória do médico relapso que prescreveu medicação errada para um parente próximo ou conhecido.

Ao descreverem a vida em família, percebe-se que há um medo terrível não só da situação de solidão como também de situações que levam a desentendimentos. Os filmes e programas de televisão são rígida e cuidadosamente escolhidos pelos pais, pois estes não suportam nem em conversa temas relacionados com crimes, desastres, mortes ou relatos infelizes.

Os filhos são superprotegidos e acautelados veementemente contra todos os tipos de perigos e males. "Cuidado, filho, com aquele seu amigo", "cuidado com os homens, filha, eles falam de amor, conseguem o que querem e depois te abandonam"..., são advertências freqüentemente endereçadas aos membros de tais famílias. Mas, a pressão é demais para os filhos se controlarem o tempo todo, estarem limpos, quietos, tudo em ordem, desprovidos de qualquer sentimento ou expressão de agressividade. E, em conseqüência, eles podem começar a apresentar um Eu medroso e empobrecido, o que é considerado como saudável, e todos se "alegram" por uma adaptação racional aos perigos do mundo ao redor.

Richter (1979) sugere que em tais estruturas os membros apegam-se uns aos outros para se protegerem juntos contra os perigos imaginários que os ameaçam de todos os lados — e com essa atitude defensiva perdem, naturalmente, as possibilidades de um desenvolvimento livre e progressivo. Concomitantemente a essa estrutura familiar, muitas vezes, têm uma estrutura ideológica, a necessidade fóbica de se fecharem entre si, ou a incapacidade de se separarem de um parceiro protetor sem caóticos repentes de ansiedade. Mas essas atitudes são tidas como altamente recomendáveis e livremente escolhidas, pois dessa maneira cultivam a ilusão de que na família reina somente paz, harmonia, saúde e segurança. Essa noção de um mundo seguro e protegido no interior da família serve de manto de proteção contra as agitações perigosas que ameaçam um sistema altamente vulnerável.

Terceira Fase

Dos três aos seis anos de idade, a capacidade intelectual da criança se desenvolve consideravelmente. O seu rol de relacionamentos torna-se maior, assim como sua habilidade de envolver-se mais intensamente com as pessoas ao seu redor.

Esse período é marcado por um maior reconhecimento, por parte da criança, das diferenças existentes entre pai e mãe (sendo que ambos satisfazem necessidades importantes).

Os conflitos pertinentes a essa fase são de alguma maneira mais difíceis, pois envolvem o efeito dos impulsos sexuais da criança direcionados aos pais, assim como a percepção de que seus pais possuem um relacionamento à parte, o que gera sentimentos de rivalidade, ciúmes e exclusão.

Quando o dilema da rivalidade se torna muito intenso, a criança pode tentar resolvê-lo através de fantasias, que geram ansiedade de elevada magnitude. A criança pode fantasiar a separação dos pais, ou a destruição de um deles, para conseguir possuir um deles somente para si. Ou, então, a criança fantasia seu relacionamento sexual com um dos pais por meio de uma dominância agressiva ou sádica.

A ansiedade provocada por tais fantasias é bastante intensa, tendo em vista que envolve não somente o sentimento de amor pelos pais e necessidade de preservação dos mesmos, mas também preservação da unidade familiar, que é a base social que assegura o crescimento em direção à vida adulta. Um aspecto adicional dessa ansiedade é que a criança pode imaginar que suas fantasias de destruição e agressividade provocam atitudes de retaliação por parte dos pais.

A criança será capaz de lidar com essas ansiedades de maneira mais segura quando a maioria dos conflitos referentes aos impulsos de amor e ódio e ao controle de suas funções corporais provenientes das fases anteriores for resolvida adequadamente. O grau de segurança com o qual os pais assumem suas identidades sexuais e a tolerância dos mesmos em relação à curiosidade e impulsos hostis da criança influenciam profundamente o desenvolvimento sexual da criança e seus relacionamentos na vida adulta.

Os conflitos, fantasias e ansiedades pertinentes a essa fase de desenvolvimento podem tomar forma de fantasias e ansiedades compartilhadas por todo o grupo familiar. Algumas famílias são um exemplo vivo das fantasias de castração e sedução experimentadas na fase fálica. Dessa forma, os papéis de homem e mulher não podem ser claramente definidos pois são vivenciados inconscientemente como anulação e autodestruição. Para lidar com a ansiedade gerada por essa crença inconsciente os membros podem interagir assumindo papéis complementarmente distorcidos em relação aos outros.

Assim, para a mulher, o marido pode desempenhar o seu lado fraco e, também, até certo ponto, uma extensão positiva sua, pois através dele ela se compensa da falta de virilidade fálica, com a qual nunca se conformou. Para o marido, a mulher que se apresenta como forte, segura e sedutora oferece com fartura tudo aquilo que ele tem medo de desenvolver em si mesmo, talvez por ansiedade de castração. Ele então delega à esposa a função de desempenhar o papel de seu próprio Eu ideal fálico, sem correr o risco de afirmar mais fortemente os mesmos desejos em si mesmo. Ele pode satisfazer sua secreta necessidade de autoconfiança, através dos gestos e olhares de admiração que outros homens dirigem à sua mulher. E passa a ser o invejável "vencedor" na competição com os inúmeros admiradores, que se sentem iguais a ele, fortemente atraídos por sua esposa.

Os filhos, desde o início, são pressionados a assumirem os papéis desempenhados por seus pais nas suas funções de homem e mulher. O menino pressionado a permanecer preso à mãe, fraco e dependente dela, como seu pai. A menina, a desempenhar seu papel coadjuvante em relação à mãe. Tem que ser bem educada, bonita, sedutora e "segura" de si mesmo como sua mãe, pois assim fica mais fácil a identificação entre as duas (Richter, 1979).

Quem quer que tente questionar ou alterar os papéis masculinos e femininos desempenhados até então ameaça a unidade familiar.

Se, por exemplo, o jovem adolescente persistir em romper essa conspiração, o grupo, ameaçado, poderá forçar mais vigorosamente para que continue desempenhando seu papel complementar. É uma luta dolorosa pela libertação, como sugere o sonho de um adolescente vivenciando em sua família enormes pressões desse tipo: "Sonhei que estava enterrado vivo num caixão pequeno, debaixo da terra. Eu me debatia, debatia, e não conseguia sair." E, ao sair de um processo de interação conivente no interior da família, o adolescente talvez sinta certa sensação de vazio e confusão quanto a sua própria identidade sexual. Geralmente procura terapia referindo ser homossexual, mas na verdade está confuso quanto à própria identidade sexual. Quando isso ocorre, o grupo familiar aproveita-se do "sintoma" de seu membro desleal para reforçar ainda mais suas defesas, mas desta feita, ao redor do membro "perturbado/perturbador".

A *adolescência* fornece nova oportunidade para retestar relacionamentos de dependência no passado, inclusive os resíduos de fantasias inconscientes, através de um relacionamento mais maduro com os pais. A intensidade de sentimentos, derivados em sua grande parte das mudanças fisiológicas do adolescente, acionam novamente as emoções experimentadas durante os primeiros anos de vida. Mas, como vimos no exemplo acima, para o adolescente a chegada da vida adulta é mediada por sua experiência com seus pais, em seus papéis de homem e mulher, marido e esposa. Não somente pela manifestação de seu comportamento nesses papéis, mas principalmente pela experiência dos sentimentos mais profundos de insegurança e segurança expressos por eles no desempenho desses papéis. Contra tais atitudes mais profundas dos pais, a expressão da sexualidade do adolescente será testada a nível consciente e inconsciente.

Não pretendemos esgotar as inúmeras formas de relação que podem ser observadas nos vários grupos familiares. Nosso objetivo foi o de ilustrar, através de traços marcantes, a vinculação existente entre o sistema inconsciente do grupo familiar com as fantasias, ansiedades e mecanismos de defesa intrapsíquicos. Para efeito didático, descrevemos famílias esquizóides, famílias paranóides e famílias que se estruturam ao redor de conflitos não resolvidos, provenientes da fase anal e fálica. Na prática, porém, as famílias podem exibir traços de várias dinâmicas combinadas de modo especial.

Quando nessa combinação predomina um sistema de defesa rígido e arcaico, um (ou mais membros) pode ser impulsionado (e tolera, por características próprias, ser impulsionado e manipulado pelos outros), no sentido de descompensações psicossomáticas, psíquicas ou da esfera do comportamento. Estabelece-se assim uma divisão no interior da família — a parte sadia e a parte doente.

Um dos membros, e ocasionalmente mais do que um, é então isolado dos demais e tratado como o "doente". Este é discriminado do resto, como a solução mais simples encontrada pela família para lidar com conflitos grupais não resolvidos.

Nem sempre a família, cujo mundo inconsciente é construído ao redor de um sistema de defesa primitivo, apresentará um ou mais membros sintomáticos, ou seja, um sintoma local. Algumas famílias constroem para si um mundo insano, desenvolvendo um Eu familiar coletivo fundamentado em conflitos não resolvidos.

O interior de tais famílias não consiste de duas partes — a sadia e a doente — mas de um conjunto bastante uniforme, onde todos os membros se equilibram de forma ilusória, falsificando a realidade para si mesmos e para o resto da família, de modo a preservar e a manter o equilíbrio patológico do sistema.

Nenhum dos membros "se rebela" contra o mundo insano em que está inserido, ninguém é capaz de correr o risco de tentar sair de um esquema conivente no interior da família e assumir suas próprias dificuldades e conflitos. Tais sistemas podem não apresentar um sintoma local, sendo mantidos assim de geração em geração, até que algum membro rompa o equilíbrio patológico do sistema. Quando isso ocorre, o membro "rebelde" corre o perigo de ser encurralado na posição de "doente", e passa a ser o porta-voz de uma patologia que vinha sendo "herdada" através de uma dinâmica específica de interação familiar.

Interessante também é o ponto de vista salientado por Richter (1979) sobre a neurose de caráter da família. O portador de sintoma numa família de caráter neurótico não seria alguém que é discriminado e excluído, mas sim um membro líder do grupo familiar. Como se a família, durante o seu desenvolvimento, tivesse que escolher entre dois caminhos. Ou manter sua relação normal com a realidade, tendo assim que permitir que seu membro potencialmente mais problemático entrasse em crise, ou sacrificar sua relação normal com a realidade, às custas de uma solidariedade que os livre de tensão com o paciente em potencial. Algumas famílias escolhem a segunda opção, criando um mundo insano em seu interior e tornando-se cada vez menos conscientes disso.

Podemos dizer que os conceitos psicanalíticos sobre família nos fornecem, sobretudo, uma visão dialética do indivíduo e sua família, contribuindo para diluir a cisão existente entre indivíduo e grupo, externo e interno, intrapsíquico e interacional.

A Família Silva

Ilustramos os conceitos descritos até aqui através do relato de um caso.

A família é composta pelo pai, Sr. Silva, 42 anos, pedreiro; pela mãe, Sr.ª Silva, doméstica, e por três filhos: o paciente identificado — José, 17 anos — Luiz, 16 anos e Maria, 11 anos, todos os três estudantes.

O drama inconsciente dessa família estrutura-se ao redor do tema homossexualidade. Todos eles participam ativamente desse drama, embora na maioria das vezes de modo inconsciente.

Entrevista diagnóstica com os pais

O Sr. Silva e a Sr.ª Silva mostraram-se preocupados com as "dificuldades de relacionamento do filho". Relataram estar com medo de que José se torne homossexual. A mãe é a pessoa que fala durante toda a entrevista. Refere os "trejeitos" do filho e de seu medo de que se torne um "veado" (sic). Diz ainda que se isso fosse verdade, ela preferiria vê-lo morto e que se soubesse, durante a gravidez, que seu filho viria a ser desse jeito, teria abortado.

O pai é figura de fundo e pouco se pronuncia durante a entrevista.

Entrevista diagnóstica com José

Ele revela manter relações homossexuais desde os 9 anos de idade e nunca ter sentido interesse por mulheres. Refere possuir sentimento diferente por um amigo, mas somente depois de conviver com ele por três anos foi que mantiveram relações sexuais. Quando o amigo quis separar-se de José, este, por "vingança" e para provar que o amigo não era o único no mundo, começou a sair com "qualquer um". Nesse meio tempo, namorou uma garota, mas quando foram manter relações sexuais, José não conseguiu excitar-se para viabilizar a relação. Imaginou que estava doente, procurou médicos, mas como não possuía nada de anormal achou "que só tinha tesão mesmo com os homens; depois, com meninas, teria que se casar e, se não conseguisse ter relações, como seria? Por isso escolhi os homens porque dava tudo certo" (sic). José relatou ainda que isso não mudará, mas que tem sido tão pressionado pelos pais que começou a se "sentir mal".

Após as entrevistas diagnósticas foi proposta terapia individual para José, visando à modificação do comportamento quanto aos conflitos relacionados à homossexualidade.

Terapia individual

De 44 sessões houve apenas 23 pois José faltou em onze delas. A terapia foi então interrompida pelo não comparecimento de José.

Alguns meses mais tarde, ele retorna ao Setor * e reinicia terapia, que é terminada após vinte e uma sessões pelo mesmo motivo anterior.

Nessas sessões José demonstra sua ambivalência quanto à homossexualidade. Em uma sessão, relata que gostaria de modificar-se totalmente, que gostaria de mudar seus gestos, sua maneira de ser e de vestir-se. Ser homossexual, relata José, é estragar a vida, pois tem que se vestir de mulher, virar mulher e aí fica falado, ninguém respeita. Não é isso que eu quero para mim, ficar jogado e humilhado deve ser horrível. Em sessões subseqüentes, José descreve, excitado, a reunião com uns amigos no bar e, depois, a ida para a casa de um deles, homossexual. Queixa-se, no entanto, de sua família, e de como sua mãe gostaria que ele fosse diferente. Reclama que a mãe controla sua vida afetiva, sua "vida dupla", e de como gostaria que a família soubesse que era homossexual para que o deixassem em paz de uma vez. Relata também como a mãe o compara com o irmão, os desempenhos na escola, em casa e os respectivos amigos; ficando sempre as "boas coisas" com o irmão e "as ruins" com ele.

Fundamentados no conceito de que muitos dos distúrbios na adolescência, inclusive distúrbios sexuais, só podem ser entendidos e superados à luz de distúrbios no interior da família, foi iniciada terapia familiar conjunta com os Silva.

Terapia Familiar

Nas primeiras sessões conjuntas, José enfatizou mais acentuadamente seus trejeitos, gestos e voz afeminada.

A mãe, entretanto, relata suas dificuldades de aceitação da problemática do filho, enquanto o pai parece calmo, chegando mesmo a admitir que José mantivesse ligação com um rapaz, desde que fosse "discretamente". A Sr.ª Silva recrimina a atitude distante e omissa do marido em relação ao filho, e relata que também teve "problemas hormonais" quando jovem, mas que isso não a incomodou e que nem por isso "saiu por aí dando uma de homem" (sic). Por sua vez, Luiz e Maria relatam não aceitar as atitudes do irmão, o que os leva a brigar muito.

Parece existir um pacto por parte de toda a família, em visualizar seus problemas como sendo um só: a provável homossexualidade de José. No entanto, a Sr.ª Silva refere ter tido "problemas hormonais" quando jovem, ou seja, problemas quanto à sua sexualidade, que podem estar sendo projetados em José. Por sua vez, o Sr. Silva admite

---

* Setor de Adolescentes do Departamento de Psicologia Médica e Psiquiatria, FCM/UNICAMP.

placidamente que seu filho mantenha ligação com um rapaz, contanto que isso seja feito discretamente. Parece possível que o Sr. Silva esteja induzindo o filho a atuar as projeções de seus próprios impulsos homossexuais.

O relato do Sr. e da Sr.ª Silva sobre suas famílias de origem ajuda a esclarecer as formulações acima. O Sr. Silva é o filho mais velho de seis irmãos. Seu pai foi descrito como homem ausente da vida familiar. Era viciado em jogo e perdia muito, às vezes o salário todo. A mãe é descrita como a pessoa que cuidava e educava os filhos, e que tentava manter a família unida. Seus pais brigavam muito, e durante sua infância e adolescência mudaram-se várias vezes de cidade, o que lhe trazia muita insegurança.

A Sr.ª Silva descreveu sua família da seguinte maneira: sua família era muito simples, mas seu pai conseguiu ser alguém. Ele era mecânico mas valorizava o estudo. Estudou engenharia depois de casado, pois possuía um amigo rico que o ajudava muito. Passava muito tempo com esse amigo, pois em casa não tinha condições de estudar. Chegou a formar-se em engenharia, mas sua esposa continuou simples e ignorante. Brigavam muito, pois a mãe da Sr.ª Silva era muito ciumenta. Em uma dessas brigas, ela matou o marido. Após o homicídio, no entanto, a mãe da Sr.ª Silva tornou-se uma pessoa triste e desanimada. Ela cumpriu um período de aprisionamento e logo em seguida foi morar com a filha e o genro.

O Sr. Silva relata que, ao receber a sogra em casa, fez exigência de que não queria os outros familiares visitando-a. Aos 53 anos, seis anos após o homicídio, a mãe da Sr.ª Silva faleceu. A *causa mortis*, sigilosamente, apareceu como suicídio através de envenenamento. Houve também comentários de que o pai da Sr.ª Silva era mulherengo, e que isso culminou com o assassinato.

Relatou-se ainda que a Sr.ª Silva tinha um irmão que usava drogas e era ladrão. Uma irmã que se "perdeu" e um outro irmão que era alcoólatra, toxicômano e muito agressivo. Ela se referiu à sua família como sendo uma "negraiada burra", e que não tinha contato algum com eles.

Discussão

O comportamento "homossexual" de José representa, na verdade, os pressupostos inconscientes do grupo familiar, ao redor dos quais se estabeleceu uma estrutura psíquica específica, derivada dos objetos internalizados pelo Sr. e a Sr.ª Silva em suas respectivas famílias de origem.

Vimos anteriormente que o processo de separação do Eu envolve uma fase na qual o objeto é percebido como um objeto parcial, rigidamente cindido em objeto ruim e destruidor e em objeto idealizado. Parece possível que a vivência do Sr. e da Sr.ª Silva, com pais que possuíam potencial altamente destrutivo, não lhes oferecesse recursos para lidarem com agressividade, destrutividade, rivalidade e competição de modo criativo.

Assim, eles preservaram as percepções e a maneira de lidar com sentimentos tão intensos e com as fantasias relacionadas a esses sentimentos, na sua forma mais primitiva.

Para o Sr. e a Sr.ª Silva parecia existir um vazio entre os extremos opostos, "ser alguém importante" e "ser delinqüente". A família de origem de cada um deles parecia, no entanto, funcionar a esse mesmo nível. O pai do Sr. Silva era viciado em jogo, enquanto a mãe era altamente responsável e era quem cuidava de todos. A mãe da Sr.ª Silva chega a efetivar as ameaças de matar o marido, enquanto este é o que consegue "ser alguém na vida". Além disso, de acordo com a Sr.ª Silva, exceto ela, todos os seus irmãos apresentavam traços delinqüentes acentuados.

O mundo interno cindido de cada um dos cônjuges, em relação a destruição/idealização, ser alguém importante/ser delinqüente e destrutivo, constitui a base do sistema de defesa estabelecido pela família Silva.

Além disso, tanto para o Sr. Silva, como para a Sr.ª Silva, identificação com a figura parental do mesmo sexo (a saída para a resolução do Édipo), poderia significar ser tão destrutivo como foram seus pais. Como conseqüência dessas vivências, a nível consciente e inconsciente, cada um deles trouxe em seu interior distorções nas percepções e comportamentos em relação a ser homem/mulher, pai/mãe, marido/esposa.

A Sr.ª Silva era a mais dominante dos dois, a que dava ordens, disciplinava as crianças e tentava resolver os problemas financeiros da família e as dificuldades dos filhos. O Sr. Silva, por outro lado, apresentava-se como o mais complacente dos dois, desempenhando papel mais passivo. Papéis que possuíam um caráter rígido, sem possibilidades de inversão ou revezamento.

Podemos levantar a hipótese de que o casamento do Sr. e da Sr.ª Silva, a nível inconsciente, foi uma tentativa de ambos para reintegração das partes cindidas e repudiadas de suas personalidades. Talvez para a Sr.ª Silva, tentativa inconsciente de ser uma mulher amada e valorizada como tal por seu marido. Para o Sr. Silva, certamente a possibilidade de ser um homem amado e valorizado como tal por sua esposa.

Alcançar com êxito tal aspiração envolveria, acima de tudo, um "trabalho" doloroso em relação à perda do objeto idealizado e em relação aos seus impulsos destrutivos. Esse trabalho parece, no entanto, ter sido deixado de lado às custas de projeções maciças dos aspectos destrutivos, ameaçadores e, portanto, repudiados de cada um deles fora do casamento, mantendo entre eles somente o objeto interno idealizado, que necessitava, portanto, de um recipiente no interior da família. E, antes mesmo do nascimento, José é introduzido no sistema de defesas do casal, para corporificar o objeto interno idealizado dos pais. Fragmentos de uma sessão ilustram essa formulação.

Sr.ª Silva: — Será que ele não percebe que não é o tipo do homem que eu quero?

Terapeuta: — Que tipo de homem você queria?

Sr.ª Silva: — Queria que fosse engenheiro, como meu pai.

Terapeuta: — Queria que fosse um modelo?

Sr.ª Silva: — Ele tinha que ser líder.

Terapeuta: — Ele tinha que substituir seu pai. Silêncio.

Sr. Silva: — Quando nós namorávamos, queríamos uma menina.

Sr.ª Silva: — Eu queria um menino.

Sr. Silva: — Nós já tínhamos até o nome escolhido.

Sr.ª Silva: — Eu queria um menino. Ia ser como meu pai, engenheiro, ou até mesmo mais do que ele.

Parece que a nível inconsciente, o Sr. e a Sr.ª Silva pressentiam a fragilidade do sistema de defesas estabelecido por eles no casamento, introduzindo o bebê em seus pressupostos inconscientes, antes mesmo do seu nascimento.

Com o nascimento de José, a família Silva estabelece então o seu primeiro mito: "Apesar de sermos provenientes de famílias destrutivas, de possuirmos um interior estragado e destrutivo e, apesar de José não ser mulher, ele será um líder, um engenheiro." Esse mito encobre e nega um drama diametralmente oposto; um cenário familiar interno e externo repudiado, que envolve destruição, agressão, prostituição e vícios.

A adolescência de José, contudo, parece romper o sistema de defesas da família, tornando explícitos os conflitos e ansiedades de toda a família. O Sr. Silva relata em uma das sessões:

Terapeuta: — O que aconteceu para a família se abalar?

Sr. Silva: — O crescimento dos meus filhos. Não estávamos preparados para aceitar a adolescência dos filhos.

Na medida em que as dificuldades em lidar com a sexualidade genital, violência e individuação, próprias da adolescência, foram trazidas à família por José, ele se torna alvo mais fácil das projeções do grupo e porta-voz das dificuldades de toda a família.

O Sr. Silva projeta em José o seu modelo internalizado de mãe/mulher ideal, induzindo o filho a atuar o papel de homossexual. Ele chega a admitir que seu filho tenha relacionamento com um rapaz, contanto que discretamente. Por sua vez, ao tentar desempenhar papel homossexual, José aciona em sua mãe o modelo internalizado de mãe/mulher ameaçadora e destrutiva. Sua mãe então o ataca: "Se ele for mesmo um 'veado', eu o mato" (sic) (da mesma maneira que sua mãe ameaçava o pai.)

Por outro lado, a Sr.ª Silva projeta em José o modelo internalizado de pai/homem ideal e, quando desempenha papel masculino, José aciona o modelo de pai/homem destruidor e ameaçador internalizado pelo Sr. Silva. Este então ataca o filho através de distanciamento emocional.

Para José não existia "saída", solução para os conflitos próprios da adolescência. É como se ele não fosse percebido por seus pais como uma pessoa separada e individualizada, mas "aquele" que iria sustentar as imagens dos objetos ideais internalizados de seus pais. Tarefa impossível, pois essas imagens possuíam facetas contraditórias. José tinha então que lutar ao mesmo tempo contra dois obstáculos de natureza oposta. Se ele se rendesse à pressão das projeções de um dos pais, aceitando tornar-se a personificação dos objetos idealizados, teria a possibilidade de sentir que seu Eu era grandioso, o que evitaria o incômodo de aceitar a limitação de seu próprio objeto. Mas, corporificar as projeções dos objetos ideais de um de seus pais significava também ser rejeitado e abandonado pela outra figura parental.

No início da terapia, o mundo interno de José era povoado por objetos internalizados frágeis, incongruentes, inseguros, inconstantes e desvalorizados, devido às contínuas identificações projetivas. Não estava indo bem na escola, não tinha amigos, não conseguia fazer planos para o futuro. Estava confuso, perdido e apresentando ambigüidade acentuada quanto à sua identidade sexual. Ele referiu nas sessões individuais iniciais que "achava ser homem só por fora (talvez uma percepção semelhante à que seu pai e seu avô paterno tinham de si mesmos), mas, por outro lado, virar mulher significava ficar jogado, humilhado, não ser respeitado" (possivelmente uma percepção semelhante à que sua mãe e sua avó materna possuíam de si mesmas).

Na medida em que José não conseguia executar a função "impossível" delegada inconscientemente pelo grupo familiar, a família Silva se organizava ao redor de um segundo mito: "O problema é José, os demais não possuem problema algum."

E para José assumir esse papel fica sendo a maneira de obter cuidados e gratificação de seus impulsos, sem o risco de ser rejeitado e abandonado por um de seus pais.

Durante as fases iniciais da terapia, pressionado pelos pais, José procura um endocrinologista, com a esperança de que seus problemas fossem causados puramente por uma disfunção hormonal. Por algum tempo, a mãe pressiona também os terapeutas (um deles era médico) para acreditarem que o problema de José era simplesmente hormonal. Procuravam nessa fase algo específico, alheio a todos, para recipiente de seus objetos internalizados ruins e destrutivos, e o "corpo" de José parecia estar sendo eleito para preencher tal função.

Luiz e Maria contribuem também ativamente para a efetivação do mito de ser o irmão o problema da família. Luiz, por exemplo, freqüentemente convidava o irmão para sair em companhia de uns amigos homossexuais. Quando, durante a terapia, José confronta a atitude ambivalente do irmão frente à sua própria "homossexualidade", Maria alia-se a Luiz, enfraquecendo a postura de enfrentamento de José. As dificuldades dos irmãos em elaborar suas próprias identidades sexuais eram projetadas em José, numa tentativa de ficarem "livres" das mesmas. É relatado, no decorrer da terapia, que Luiz tinha se fantasiado de "baiana" no carnaval anterior, e que Maria estava também apresentando dificuldades na escola e com seus colegas.

O processo terapêutico com essa família envolveu trabalho em co-terapia (um casal heterossexual de terapeutas) visando fornecer ao grupo familiar um modelo de interação com o qual eles pudessem se identificar e internalizar. Esse modelo enfatizou o casal de terapeutas como sendo possuidores de identidades diferentes, mas capazes de sobreviverem unidos apesar de suas diferenças.

Por longo período, a família Silva não reconheceu igualmente a presença dos dois terapeutas. Anterior a essa etapa, revezadamente, um dos terapeutas era idealizado pela família, ou seja, a família agradecia a um dos terapeutas pela "grande ajuda" que lhes vinha proporcionando, enquanto o outro era desvalorizado.

No processo de contratransferência o terapeuta sobrecarregado pelas projeções de idealização do grupo familiar sentia como se tivesse que aliviar rapidamente as ansiedades, conflitos e confusões da família através de interpretações cada vez mais precisas. Por outro lado, o terapeuta que fornecia o "recipiente" para as projeções da destrutividade do grupo familiar era impulsionado a sentir que, como terapeuta, não trazia nada de valioso para o grupo, sentindo-se capaz de destruir todo o processo terapêutico através de sua compreensão "incorreta" e "falha" sobre o grupo familiar.

A mudança de percepção e comportamento em relação aos co-terapeutas, ou seja, a aceitação de ambos os terapeutas como capazes de ora "acertar" e ora "falhar" em suas interpretações, indicou o início de uma integração dos aspectos cindidos do grupo familiar. O processo de contratransferência representa para essa abordagem um instrumento de bastante importância.

O par terapêutico precisa suportar e manter as diferentes projeções do grupo familiar e trabalhar nelas internamente e entre si (terapeutas) para que possam ajudar à família a entender, reformular e superar suas ansiedades, conflitos e fantasias inconscientes. O entendimento das projeções experimentadas no processo de contratransferência é conseguido parcialmente durante a sessão. Esse entendimento requer também discussões entre os terapeutas após as sessões e principalmente durante as supervisões.

Inversamente à escola sistêmica, essa abordagem enfatiza essencialmente o significado latente dos comportamentos manifestos dos membros da família, os quais podem ser entendidos através do processo de transferência e contratransferência. Terapeutas adeptos dessa escola acreditam que mudanças ocorrem quando, no processo de transferência, o terapeuta tolera as frustrações, medos e necessidades do grupo familiar, assim como suas próprias, e ajuda a família a compreender, elaborar e transcender tais sentimentos ao invés de se evadirem dos mesmos. (Os processos de transferência e contratransferência no trabalho com famílias e casais são descritos mais detalhadamente no Capítulo 5.)

Meyer (1983) escreve sobre a tarefa do terapeuta familiar de orientação psicanalítica: "... é tentar interpor uma espécie particular de processo em sua própria atividade mental, localizando-o entre o impacto que a sessão exerce sobre ele e a devolução para a família a respeito de sua experiência deste impacto. Ele está ali para ajudar a família a reconhecer o tanto de identificações projetivas que circulam entre os familiares, como eles as ativam, quais são as ansiedades que os pressionam a tal comportamento. Espera-se que, com isto, sejam capazes de reconhecer e diferenciar suas necessidades como indivíduos separados e, ao mesmo tempo, modificar, desenvolver e enriquecer seus objetos familiares internalizados a fim de que seu relacionamento se torne, segundo a terminologia de Bion, a expressão de uma família 'em trabalho'."

Acredito que a aplicação dos postulados psicanalíticos na teoria e terapia de família e casal traz abertura para um novo campo, gera reflexão, oferece instrumentos conceituais, mas não fornece um sistema teórico e prático pronto. É um trabalho em evolução, um convite a quem se interessa por essa via de entender a psicopatologia.

Necessitamos ainda progredir em direção a uma maior elaboração dos conflitos inconscientes do grupo familiar e, em relação à qualidade, ao saber como, o que e quando interpretar.

É campo vasto, semi-explorado, cujo maior atrativo está em ampliar novos conhecimentos sobre o mundo inconsciente da família, os múltiplos caminhos da investigação e os vários objetivos a alcançar.

BIBLIOGRAFIA

Bion, W. (1959), "Attacks on linking", *International Journal of Psychoanalysis*, 40, em *Second thoughts*, W. Bion, Heinemann, Londres (1967).

Box, S.; Copley, B.; Magnana, J. e Moustaki, E. (1981), *Psychotherapy with Families: an analytic approach*, Routledge e Kegan Paul, Londres.

Byng-Hall, J. (1973), "Family myths used as a defence in conjoint family therapy", em *British Journal of Medical Psychology*, 46:239-50.

Ezriel, H. (1968), "Le rôle du transfer dans le traitement psychanalytique de groupe", em *Pratique de la psychothérapie de groupe* (ed.), Schneider, PUF.

Ferreira, A. J. (1963), "Family myth and homeostasis", em *Archives of General Psychiatry*, 9:457-63.

Freud, A. (1936), *The Ego and the Mechanisms of Defence*, University Press, Nova York, 1946.

Jaffe, D. S. (1968), "The mechanism of projection: its dual role in object relations", em *International Journal of Psychoanalysis*, 49:662-677.

Klein, M. (1946), "Notes on some schizoid mechanisms", em *International Journal of Psychoanalysis*, 27:99-110.

Klein, M. (1955), *On identification. In Our Adult World and Other Essays*, Basic Books, Nova York, 1963.

Mahler, M. S. et al. (1975), *The Psychosocial Birth of the Human Infant: Symbiosis and Individuation*, Basic Books, Nova York.

Meyer, L. (1983), *Família: Dinâmica e Terapia*, Ed. Brasiliense, São Paulo.

Ogden, T. (1982), *Projective — Identification an Psychotherapeutic Technique*, Basic Books, Nova York.

Richter, H. E. (1979), *A Família como Paciente*, Ed. Martins Fontes, São Paulo.

Rosenfeld, H. (1965), *Psychotic States: a Psychoanalytical Approach*, Hogarth Press, Londres.

Searles, H. F. (1964), "The contributions of family treatment to the psychotherapy of schizophrenia", em *Collected Papers on Schizophrenia and Related Subjects*, International University Press, Nova York.

Segal, H. (1964), *Introduction to the work of Melanie Klein*, Hogarth Press, Londres.

Soifer, R. et al. (1982), *Psicodinamismos da Família com Crianças*, Ed. Vozes, Petrópolis.

Winnicott, D. W. (1965), *Maturational Processes and the Facilitating Environment*, Hogarth Press and Institute of Psychoanalysis.

Zinner, J. e Shapiro, R. (1972), "Projective identification as a mode of perception and behavior in families of adolescents", em *International Journal of Psychoanalysis*, 53:523-530.

CAPÍTULO 7

As abordagens psicodinâmicas

Eu mudo, mas dentro de uma permanência.

Sartre

Denomino abordagens psicodinâmicas aquelas que associam princípios psicanalíticos aos conceitos sistêmicos. Vários autores podem ser considerados psicodinâmicos, dentre os quais destaco Nathan Ackermann, Murray Bowen, Ivan Bozormenyi-Nagi, James Framo e Carl Whitaker.

7.1 — Considera-se que Nathan Ackermann foi um dos primeiros profissionais da área de saúde mental a trazer toda a família para investigação clínica e tratamento. Em meados de 1930, já escrevia sobre a dinâmica familiar e nos anos 40 enfatizava a terapia familiar como modalidade terapêutica de *per si* e não como uma das muitas técnicas utilizadas no tratamento de indivíduos apresentando distúrbios mentais.

Em 1962, juntamente com Don Jackson, diretor do Mental Research Institute de Palo Alto, Ackermann funda o primeiro jornal sobre a teoria e terapia familiar, denominado *Family Process*, até hoje um dos mais conceituados na área.

Em 1965, Ackermann funda o Instituto da Família, em Nova York, após estar associado há 10 anos ao Serviço à Família Judia, também em Nova York. Após sua morte, em 1971, o Instituto passa a ser denominado Ackermann Instituto de Terapia Familiar, considerado hoje um dos maiores centros de ensino e pesquisa em terapia familiar.

Como psicanalista e psiquiatra infantil, Ackermann trouxe enormes contribuições para o campo. Formulou conceitos teóricos e práticos que contrastavam a psicanálise tradicional, mas que, ao mesmo tempo, introduziam novas maneiras de se lidar com os aspectos transferenciais.

Segundo Ackermann (1966), o terapeuta familiar está numa posição especial para analisar as reações transferenciais entre os membros da família e as relações transferenciais desses com o terapeuta. O terapeuta familiar, porém, fica numa posição emocionalmente neutra, característica do analista clássico. A terapia familiar deve ser, segundo ele, uma verdadeira experiência social onde se correlacionam: 1) os conhecimentos intrapsíquicos e os interpessoais; 2) a organização da experiência consciente e inconsciente; 3) o real e o irreal, a transferência e a realidade; 4) o passado e o presente e 5) o indivíduo e o grupo (Ackermann, 1966). Todos esses itens, contudo, estão fundamentados numa teoria básica sobre terapia, ou seja, a focalização do problema.

Em alguns casos, sugere Ackermann (1966), o mais indicado pode ser a terapia de toda a família (incluindo até três gerações), em outros, a terapia individual, e em outros, ainda, uma combinação dessas duas modalidades. As relações entre esses enfoques, salienta o autor, ficarão mais evidentes à medida que conseguirmos obter melhor compreensão das relações existentes entre os aspectos internos e externos da experiência humana, entre o que ocorre no *interior* da mente e o que ocorre *entre* as mentes individuais.

Na prática, Ackermann conseguia integrar os conceitos de terapia familiar e os da terapia analítica, tal como formulados originalmente por Freud, de modo muito especial, pois não considerava esses dois métodos como distintos, mas essencialmente complementares.

Geralmente, durante uma entrevista, ele fazia mais comentários do que qualquer membro da família e, apesar de ter como objetivo favorecer a interação entre os membros, isso era alcançado à medida que se colocava como o centro das comunicações verbais. Encorajava os familiares a serem mais comunicativos com o terapeuta do que entre si, de modo liberador, mobilizando com eficácia famílias rígidas, com medo de agressão, sexualidade e dependência.

Ackermann freqüentemente conseguia romper as regras da família sobre o que não podia ser mencionado, pois tudo era mencionável, para o terapeuta. E ele buscava o que os membros tentavam esconder até conseguir, sob sua responsabilidade, que os sentimentos mais primtivos sobre sexo, agressão e dependência fossem trazidos à superfície. Ao alcançar esse objetivo, de acordo com os relatos de Bells e Ferber (1969), Ackermann "emprestava" à família seu prazer na vida e na sexualidade, suas piadas e sua agressão construtiva.

Ele trabalhava de maneira rápida, prestando cuidadosa atenção, desde o início da terapia, às mensagens não-verbais emitidas pelos membros da família.

Terapeutas que o observaram conduzindo uma terapia relatam que essa experiência trazia sentimentos fortes e certa confusão: "... Algumas vezes parecia intrusivo, sedutor e autocrata, mas as famílias e terapeutas que o consultavam achavam que ele acompanhava seus próprios ritmos, focalizando dificuldades essenciais, com muita acuidade e com efeito liberador..." (Bells e Ferber 1969).

Os postulados de Ackermann e os relatos existentes sobre ele transmitem a idéia de um terapeuta carismático, que introduziu conceitos fundamentais no campo da terapia familiar e que, com enorme habilidade, conseguiu integrar o indivíduo e o grupo, o presente e o passado, a transferência e a realidade.

7.2 — Murray Bowen foi também um dos primeiros a trabalhar em terapia familiar, começando em 1951, na Clínica Menninger em Topeka, Kansas. Em 1954, foi nomeado diretor do Setor de Estudos sobre Família, do Instituto Nacional de Saúde Mental. Nesse Instituto, até 1959, Bowen desenvolveu seus principais conceitos teóricos e práticos a partir de pesquisas com famílias esquizofrênicas. Desde 1959, vem trabalhando na Faculdade de Medicina da Universidade de Georgetown, onde fundou o Centro de Pesquisa e Ensino sobre Família.

A partir da publicação, em 1966, do artigo intitulado "The use of Family Theory in Clinical Practice", alguns dos principais conceitos postulados por Bowen têm sido reorganizados, mas permanecem essencialmente os mesmos.

7.2.1 — *Escala de diferenciação do Eu*, a qual não fornece um sistema de medidas, mas um conceito que enfatiza o desenvolvimento emocional do indivíduo, ocorrendo dentro de um *continuum* que vai desde fusão egóica até autodiferenciação. Segundo Bowen, para se atingir maturidade e adequada estruturação do ego, o indivíduo necessita de completa autodiferenciação. Através de estudos com famílias de esquizofrênicos, Bowen (1959) postula que esse distúrbio mental é um processo que necessita de três ou mais gerações para se desenvolver. Ou seja, os avós de um paciente esquizofrênico devem ter sido pessoas relativamente maduras, mas suas imaturidades combinadas deram origem a um filho mais apegado à mãe. Caso esse filho se una a um cônjuge que possua um grau semelhante ou maior de imaturidade e, se esse processo se repetir numa terceira geração, o resultado poderá ser um filho com um grau ainda mais elevado de imaturidade, ou seja, um paciente esquizofrênico.

7.2.2 — *Triangulação* — considerada como um bloqueador das emoções de um sistema. Segundo Bowen (1978), no sistema emocional da família, as tensões emocionais se alteram dentro de uma série ordenada de alianças emocionais e rejeições. Em períodos de calmaria, dois membros, parte de um triângulo, possuem uma aliança emocional confortável, enquanto que o terceiro membro está em posição desfavorável, por estar de "fora" da interação dos outros dois. Frente a essa posição desconfortável, o terceiro membro tenta ganhar a predileção ou proteção de um dos outros dois membros, ou então rejeita-os com a intenção também de mobilizá-los e ganhar a proteção de um deles.

Em situações de tensão, o membro que estiver de "fora" do triângulo está numa posição favorável, enquanto os dois membros emocionalmente envolvidos tentam incluir o terceiro no conflito. Quando as tensões aumentam, outros membros serão envolvidos no conflito entre os dois, desencadeando dessa forma um circuito emocional, uma cadeia de triângulos emocionais entrelaçados.

Quando existe um relacionamento simbiótico com a mãe, que é rompido, por exemplo, durante a adolescência do filho, o equilíbrio da tríade interdependente é então rompido, aumentando a ansiedade nos três membros, acarretando daí uma psicose. Para Bowen (1959), a psicose esquizofrênica do paciente identificado é um processo que envolve toda a família, devendo, portanto, ser compreendida à luz do sistema ao qual pertence o paciente.

7.2.3 — *O sistema emocional da família nuclear*. Em 1959, no trabalho intitulado "Family Relationship in Schizophrenia", Bowen apresenta o conceito de *massa egóica familiar não diferenciada*, para definir um conglomerado emocional que é estabelecido através de processo contínuo de triangulação, o qual existe em vários níveis de intensidade.

Através de estudos sistematizados com famílias esquizofrênicas, o autor chega ainda à conclusão de que existe nessas famílias uma distância emocional entre os pais, denominada de *divórcio emocional*. Nessa situação, ambos os pais são igualmente imaturos, predominando uma fusão egóica entre eles. Um deles, contudo, acentua a imaturidade e atua de modo a prevalecer a inadequação, enquanto o outro nega sua própria imaturidade e funciona com uma máscara de grande adequação. Mas, ambos funcionam de maneira rígida, a inadequação de um é desempenhada em relação à excessiva adequação do outro, sendo que nenhum deles é capaz de atuar num campo intermediário.

Quando a mãe desempenha o papel de genitora excessivamente adequada, ela é dominante e agressiva e o pai é impotente e submisso. Quando o pai se ajusta ao papel de genitor excessivamente adequado, ele se comporta de maneira autoritária e cruel, e a mãe apresenta-se de forma impotente e queixosa. Temos aqui um exemplo de massa egóica familiar não diferenciada de nível intenso, o que pode, segundo Bowen (1959) levar a um conflito marital, disfunção em um dos cônjuges e/ou danos em um ou mais filhos.

7.2.4 — *O processo de projeção familiar*, através do qual a criança triangulada pode ser danificada.

Bowen (1959) denomina projeção o mecanismo predominante na relação mãe-filho, através do qual se dá o aparecimento da esquizofrenia. A mãe nega seus próprios desejos de ser protegida e seus sentimentos de impotência, projetando-os no filho e percebendo-o dessa forma como uma pessoa desprotegida e desamparada. Essa percepção da mãe é tida por toda a família e pelo próprio filho (receptáculo das projeções) como sendo a realidade.

O filho introjeta então as inadequações projetadas pela mãe, ficando mais preocupado em responder às exigências maternas do que em manifestar suas próprias demandas. Esse filho fica "triangulado" na relação pai-mãe-paciente, definida por Bowen como tríade interdependente. Nessa relação, o pai desempenha um papel de apego superficial, enquanto a mãe, por um lado, exige do filho que permaneça desamparado e incapaz e, por outro lado, solicita que se comporte como alguém maduro e capaz. Ao longo de sua vida, o filho faz o possível para continuar sendo o bebê de sua mãe, ao mesmo tempo em que tenta ser um adulto maduro.

Bowen reconhece a semelhança desse dilema com a situação familiar descrita por Bateson e seus colegas ao formularem o conceito de duplo vínculo (vide p. 26).

A partir desses conceitos teóricos, Bowen (1966) relata alguns princípios fundamentais da terapia familiar. Ele salienta a necessidade de se obter o histórico da família, o qual deve incluir pelo menos duas gerações.

Ademais, a tarefa do terapeuta, segundo o autor, é a de manter-se detriangulado dos relacionamentos a dois existentes no sistema familiar. Mais recentemente, Bowen (1978) desenvolveu um novo método de terapia, denominado treinamento (*coaching*), com a finalidade de trabalhar com o material derivado da investigação sobre a família de origem.

O terapeuta pode trabalhar com um membro adulto da família (a esposa em treinamento), com o objetivo de ajudá-lo a se diferenciar de sua família de origem. Esse método envolve: 1) ensinar conceitos sobre funcionamento do sistema familiar; 2) planejar as visitas que a pessoa em treinamento deverá fazer periodicamente à sua família, nos intervalos das sessões; 3) planejar e designar tarefas à pessoa em treinamento para que estabeleça contatos um-a-um com cada um dos membros de sua família, sem se colocar numa posição de triangulação; 4) orientar na prática de tornar-se melhor observador do sistema familiar e de controlar sua própria reação emocional e 5) orientar na auto detriangulação para que a pessoa em treinamento possa envolver-se emocionalmente com dois outros membros de sua família, sem ter para isso que se aliar a um deles, defender-se ou contra-atacar.

Atualmente, no campo da terapia familiar, a teoria boweniana parece estar em ascendência, nos Estados Unidos, assim como as terapias estrutural e estratégica breve.

7.3 — Carl A. Whitaker, por sua vez, formulou o que denominou de terapia familiar experiencial.

Essa abordagem (Whitaker e Napier, 1978) enfatiza que o terapeuta é pessoa envolvida emocionalmente no processo de terapia e investe em seu próprio crescimento emocional através desse processo.

O uso de co-terapia é fortemente recomendado para permitir a cada um dos terapeutas a liberdade máxima de envolver-se emocionalmente com a família, podendo ao mesmo tempo contar com o apoio e objetividade de seu co-terapeuta. Além disso, segundo Whitaker (1977), co-terapia oferece um modelo de relacionamento para a família, baseado em respeito mútuo e expressão das emoções.

A terapia familiar experiencial envolve quatro estágios:

7.3.1 — *Fase de pré-tratamento*, na qual a família é convidada a participar da terapia, deixando claro desde o início que os co-terapeutas dirigem a terapia, mas que é a família quem elabora suas próprias decisões fora do consultório. Whitaker (1977), utilizando alguns conceitos sistêmicos, salienta que a primeira entrevista objetiva enfatizar o todo. Dessa forma, geralmente ele emprega termos que fornecem uma noção de amplitude. Por exemplo: "O que está acontecendo nessa família?" ou "Nós já sabemos que ele (o paciente identificado) está deprimido, vamos, portanto, descobrir alguma coisa sobre o resto da família."

Durante a primeira entrevista, Whitaker (1977) fala um pouco sobre o processo da terapia familiar, ressaltando a dor envolvida nesse processo, sua intenção deliberada para criar confusão e sua admiração pela loucura. Geralmente refere, ainda, que acredita em co-terapia, pois, dois terapeutas conseguem mobilizar a família muito mais do que um, e ressalta sua intenção de criar no decorrer da terapia uma comunidade terapêutica no interior da família, para que não necessitem de terapia para sempre.

7.3.2 — *Fase intermediária de tratamento*, objetivando o desenvolvimento do clima de consideração mútua entre terapeutas e família. Nesse período, o sintoma é redefinido como sendo um esforço para alcançar crescimento. Os terapeutas contestam e desafiam o sintoma, através de um confronto direto ou através de um exagero jocoso do mesmo.

Tomemos o exemplo (Whitaker, 1977) da esposa que acusa o marido de infidelidade. Os co-terapeutas comentam que os cônjuges tornaram-se desesperados em relação à frieza do relacionamento marital. Então, encobertamente os cônjuges concordaram que alguma coisa deveria ser feita para esquentar o casamento e que um deles deveria, portanto, procurar ajuda fora de casa. Dessa forma, o marido foi o eleito para aquecer a cama do casal, trazendo à tona a infidelidade e o calor da raiva. Se o casal não estivesse pronto para mudar, sugerem ainda os terapeutas, não teriam tido coragem de passar pela dor que causou expor suas dificuldades conjugais.

7.3.3 — *Fase final do tratamento*, durante a qual a família torna-se mais flexível e capaz de crescer com uma ajuda mínima por parte dos terapeutas. A unidade familiar se estabelece, os subgrupos são mobilizados, os triângulos tornam-se flexíveis o suficiente para não causar muito sofrimento e os mediadores deixam de desempenhar o papel de "salvadores" da família.

Nessa fase, os membros utilizam a terapia para desenvolver um trabalho entre si, deixando os terapeutas com a sensação de que a família está pronta para caminhar sozinha, sem ajuda terapêutica.

7.3.4 — *Fase de separação*, na qual família e terapeutas iniciam o desapego ao relacionamento terapêutico, levando consigo conhecimento mútuo de independência e perda.

Para Whitaker (1977), é importante que a ansiedade da separação, característica dessa fase, seja trabalhada apropriadamente. Uma maneira simples, sugerida pelo autor, para lidar com essa situação é o terapeuta falar sobre os seus próprios sentimentos em relação ao término da terapia.

Algumas vezes, segundo Whitaker, é valioso nessa fase final esclarecer para a família que o terapeuta pode continuar sem eles, porque já tem uma outra família para atender (um novo bebê) ou porque os membros podem divertir-se juntos, sem a sua presença.

O envolvimento de Carl Whitaker em terapia familiar ocorreu nos anos 50, quando passou a ser professor de psiquiatria da Escola de Medicina da Universidade de Wisconsin, nos Estados Unidos.

Desde essa época, ele vem sendo admirado por seus colegas devido a seu talento clínico e senso de humor.

7.4 — A terapia familiar contextual, proposta por Ivan Bozormenyi-Nagi, por sua vez, representa uma tentativa de integração das noções psicanalíticas, existenciais, fenomenológicas e sistêmicas. Essa tarefa envolveu a criação de um novo vocabulário no campo da terapia familiar, o qual leva em consideração a luta básica do ser humano para alcançar justiça e integridade.

Para Bozormenyi-Nagi (1973) a principal causa de disfunção familiar é a exploração dos membros da família caracterizada por um equilíbrio injusto entre o dar e o receber. Quando isso ocorre, a lealdade da criança à sua família pode ser mal-utilizada, ou mesmo explorada por seus pais, como uma compensação pelo que não receberam em suas famílias de origem.

Essa situação é denominada de *deslocamento do contexto relacional* e o processo que se desenvolve a partir daí é chamado de *parentificação*. Nesse processo o envolvimento da criança pode se dar através de intensa lealdade aos pais e às custas de sacrifício do seu próprio Eu. Outras vezes, a criança é colocada numa situação em que o exigido por cada um de seus pais torna incompatível a lealdade a ambos.

Um adulto pode também se ver encurralado numa configuração de lealdade cindida (*splitting-loyalty*) a seus pais e ao seu parceiro conjugal, de modo irreconciliável.

Essa abordagem visa, portanto, alcançar *re-união* através de: 1) uma visão ética do equilíbrio entre direitos e obrigações existentes na família; 2) um compromisso com o processo de dar e receber, e 3) restituição da confiança entre os membros da família.

Segundo Bozormenyi-Nagi (1973), o processo de reunião através da terapia é possível se o terapeuta for capaz de manter uma *parcialidade multidirigida*. Ou seja, a capacidade de sentir e expressar empatia profunda com cada um dos membros da família e disponibilidade para se aliar temporariamente com cada um deles.

Embora o terapeuta contextual reconheça os fatores psicológicos e a patologia de cada membro da família, seu principal interesse é avaliar o contexto ético profundo das relações humanas. Por exemplo (Bozormenyi-Nagi, 1973): o terapeuta entrevista um adolescente deprimido psicoticamente e seus pais. Nesse contexto, ele poderia focalizar o mundo inconsciente do jovem e o relacionamento simbiótico da família, mas a nível ético fica claro que o adolescente está encurralado num campo de obrigações irreconciliáveis entre dois pais desesperados, os quais não conseguem se divorciar. O casal utiliza o filho como "salva-vidas" de cada um deles e do casamento. Nesse caso, o terapeuta contextual planeja como ajudar a família a estabelecer uma base de confiança entre os pais que exploram o filho cativo e hiperleal. Apesar da resistência emocional, os pais são ajudados a reconhecer como eles usaram o filho para obter o equilíbrio substitutivo através de um contexto relacional deslocado. A partir daí, o terapeuta ajuda o adolescente a aprender maneiras mais eficazes e que exijam menos sacrifício do seu próprio Eu, para expressar sua lealdade como filho.

Portanto, o processo terapêutico, segundo Bozormenyi-Nagi (1973), envolve: 1) internalização da empatia e confiança do terapeuta; 2) inclusão de todos os familiares no plano de reunião; 3) capacidade de entender e trabalhar com a resistência a mudanças apresentada por cada membro; 4) capacidade de diferenciar entre fatos inalteráveis de raízes comuns e as vicissitudes das atitudes emocionais como amor ou ódio, amizade ou desunião; 5) revisão e elaboração das lealdades invisíveis; 6) um trabalho no sentido de alcançar deparentificação dos filhos; e7) transformação de atitudes passivamente dependentes em iniciativa e planejamento ativo.

Ocasionalmente algumas técnicas psicanalíticas e sistêmicas são também utilizadas, tais como: *insight*, análise transferencial, prescrição dos sintomas e sugestão de alguns padrões de comportamento.

Ivan Bozormenyi-Nagi ocupa, desde 1957, o cargo de diretor do Departamento de Psiquiatria do Instituto de Psiquiatria do Leste da Pensilvânia (EPPI). Atualmente, é também o diretor do programa de treinamento em terapia familiar, da Escola de Medicina Hahnemann, na Filadélfia.

Vários terapeutas familiares de renome associaram-se por algum tempo ao EPPI; dentre eles, James L. Framo, Gerald Zuk, David Rubenstein, Geraldine Spark, Oscar Weine, Leon Robinson.

7.5 — A abordagem formulada por James L. Framo baseia-se parcialmente nos conceitos da teoria das relações objetais formuladas por Fairbairn (1952). No artigo intitulado "Family of Origin as a therapeutic resource for adults and marital and family Therapy", publicado em 1976, Framo nos fornece de forma resumida os conceitos de Fairbairn, nos quais fundamentou seu trabalho clínico com famílias.

Quando o comportamento dos pais é interpretado pela criança como rejeição, abandono e perseguição, ela torna-se incapaz de lidar com o objeto externo de modo a modificar a realidade. Face à frustração gerada por essa situação, a criança internaliza os aspectos de amor e ódio vivenciados com as figuras parentais, para controlar esses objetos no mundo intrapsíquico. Os objetos internalizados são então reprimidos, mantidos como uma introjeção, um representante psicológico, e subseqüentemente cindidos, tornando-se parte da estrutura da personalidade da criança.

Durante o desenvolvimento do indivíduo, figuras externas reais são assimiladas em camadas sucessivas, ou fundem-se aos objetos ruins internalizados. A partir daí, outras pessoas, especialmente aquelas com as quais se estabeleceu um relacionamento íntimo, são percebidas amplamente em termos das próprias necessidades do indivíduo. Ou seja, as situações e relacionamentos não são percebidos de modo real, são interpretados inconscientemente, de acordo com o mundo dos objetos internos, resultando desse processo expectativas distorcidas do outro. Além disso, o indivíduo faz tentativas para que haja um encaixe dos relacionamentos no modelo internalizado.

Apoiando-se nesses conceitos e no conceito de escolha a nível inconsciente postulado por Dicks (vide Capítulo 8), Framo (1976) sugere que mesmo para o cliente adulto é adequado que sua família de origem seja envolvida no tratamento, para que os problemas sejam lidados em sua origem. Ele ressalta que, ao se lidar com o real, com as figuras parentais externas, os representantes internalizados das mesmas perdem o controle à medida que são expostas a considerações reais.

Para Framo (1976), quando o indivíduo retorna ao passado, junto com sua família de origem, ele pode lidar com o presente, com seu cônjuge e filhos de modo mais apropriado, tendo em vista que o significado da transferência foi alterado.

Essa visão de relacionamento, tanto na esfera intrapsíquica como na esfera transacional, constitui a orientação central da abordagem formulada por Framo.

Embora existam algumas sobreposições com os conceitos propostos por Bowen, Framo propõe algumas técnicas diferentes para se trabalhar com a família de origem. Enquanto Bowen sugere aos clientes que visitem seus familiares, o que os ajuda em suas tentativas de diferenciação, Framo sugere que a família de origem participe das sessões.

O processo terapêutico envolve, portanto, três fases distintas: a fase inicial, terapia de grupo de casais e sessões com a família de origem.

7.5.1 — *A fase inicial.* Caso a queixa principal seja o sintoma de um dos filhos, o terapeuta atende toda a família, até que o paciente identificado seja de-focalizado. A partir daí, inicia-se terapia de casal, geralmente em grupo. Alguns casais, contudo, procuram tratamento explicitamente devido a problemas maritais e esses são, após uma primeira ou segunda entrevista, também encaminhados para grupo.

Antes, porém, de serem encaminhados ao grupo, solicita-se a cada um dos cônjuges que descreva suas respectivas famílias de origem. No final da entrevista, menciona-se casualmente que tem sido útil trazer a família de origem para a sessão (pais e irmãos), geralmente no estágio final da terapia.

Segundo Framo (1976), a maioria dos casais apresenta-se relutante ou hesitante com a idéia de trazer os familiares para terapia. Alguns não retornam para uma segunda sessão e relatam por telefone que preferiram procurar um médico que não "faz esse tipo de coisa". Mais recentemente, salienta Framo, 60% dos casais prosseguem com a terapia e, para ele, isso ocorre devido à sua convicção de que as sessões com a família de origem são imprescindíveis para crescimento e mudanças.

7.5.2 — *Terapia de grupo de casais.*
O grupo geralmente contém três casais, apresentando diferentes conflitos. Casais que originariamente procuram terapia por causa dos filhos, casais que desejam revitalizar um relacionamento vazio e casais que estão querendo se separar. Durante essa fase do tratamento, trabalham-se os conflitos maritais e os problemas de comunicação através de: 1) técnicas de *feedback* para encorajar os cônjuges a ouvir um ao outro; 2) confronto por parte dos terapeutas (o uso de co-terapeutas heterossexuais é fortemente recomendado) ou por parte dos membros do grupo; 3) uso de vídeo e várias outras técnicas de grupo.

Quando os conflitos maritais foram amplamente explorados e os cônjuges se apresentam encurralados devido a diferenças irreconciliáveis, Framo reintroduz a idéia de que cada um deles (separadamente) deverá trazer seus pais e irmãos para uma conferência familiar. A resistência nessa fase, de acordo com sua experiência, apresenta-se de forma mais intensa devido à possibilidade real desse acontecimento.

Nos vários anos de prática dessa modalidade terapêutica, Framo (1976) deparou-se com reações diversas. Um cliente disse: "Peça-me para escalar o Monte Everest, peça-me para atravessar o Oceano Atlântico a nado, mas, por favor, não me peça para trazer minha mãe aqui."

Outros pacientes desejam trazer os pais, mas não os irmãos. Outros, ainda, rejeitam a idéia de modo mais vigoroso: "Vamos colocar as coisas de modo direto, isso nunca ocorrerá." Framo salienta também que a maioria dos clientes mostra-se surpresa quando os familiares concordam em participar da terapia.

7.5.3 — *A conferência familiar* (sessões com a família de origem), segundo ele, varia consideravelmente quanto ao estilo, foco, conteúdo, ritmo e assuntos abordados.

Algumas sessões são amplamente dirigidas pelos clientes, outras são marcadas por uma participação mais ativa do terapeuta.

Para Framo (1976), a conferência familiar dura algumas horas e geralmente envolve não mais do que duas sessões, principalmente devido à distância geográfica dos familiares. No final da sessão, o terapeuta ressalta que obviamente muitos problemas permanecem não resolvidos, mas que o processo que se iniciou no consultório deverá ser continuado entre eles.

Essa fase da terapia é gravada no aparelho de vídeo e emprestada ao cliente para que tire cópias a serem enviadas aos familiares e ao cônjuge para que não se sinta excluído.

Para Framo (1976), a vida em família geralmente leva os membros a conviverem uns com os outros por muitos anos, mas sem nunca falar um ao outro como realmente se sentem, sem nunca se encontrarem ou se tocarem.

O objetivo central das sessões com a família de origem é, portanto, afirma ele, o de ajudar os membros a enxergarem uns aos outros, a falar francamente sobre seus sentimentos afetivos ou agressivos e o de permitir que a felicidade se torne alguma coisa a ser vivenciada ao invés de lembrada.

A partir de 1958, James L. Framo trabalhou por vários anos com Ivan Bozormenyi-Nagi, no EPPI e juntos editaram o livro intitulado *Intensive Family Therapy*.

Em 1967, Framo organizou na Filadélfia uma Conferência de caráter nacional, que deu origem ao livro *Family Interaction: Dialogue Between Family Researchers and Family Therapists*.

De 1969 a 1973, quando então trabalhou na Escola de Medicina Jefferson, na Filadélfia, Framo desenvolveu a primeira unidade familiar já estabelecida nos Estados Unidos, em um Centro de Saúde Mental.

Em 1980, juntamente com Green, publicou o livro intitulado *Family Therapy — major contributions*, que consta de vários artigos sobre terapia familiar considerados textos clássicos dessa área e um resumo sobre as atividades exercidas pelos autores desses artigos.

Um livro extremamente rico para aqueles que se interessam em ampliar conhecimentos sobre teoria e terapia familiar, e no qual se baseia este capítulo.

Desde 1973, Framo vem exercendo atividades docentes na Faculdade de Psicologia da Universidade Temple.

Podemos concluir que a abordagem psicodinâmica oferece importante elo de ligação entre as escolas sistêmica e psicanalítica e vem incitando maior interesse na nova geração de terapeutas de família, talvez porque o período inicial de cisão entre essas duas escolas esteja agora menos intenso, dando lugar a uma maior integração entre elas.

BIBLIOGRAFIA

Ackermann, N. (1966), *Treating the Trouble Family,* Basic Books, Nova York.

Bells, C. C. e Ferber, A. (1969), "Family therapy: a view", em *Family Process,* 8:280-318.

Bowen, M. (1959), "Family relationship in schizophrenia", em *Schizophrenia — An Integrated Approach* (ed.), A. Awerback, Ronald Press, Nova York.

Bowen, M. (1966), "The use of family therapy in clinical practice", em *Comprehensive Psychiatry,* 7:345-74.

Bowen, M. (1978), *Family Therapy in Clinical Practice,* Janson Aronson, Nova York.

Bozormenyi-Nagi, I. e Spark, G. (1973), *Invisible Loyalties,* Harper e Row, Nova York.

Fairbairn, W. R. D. (1952), *Psychoanalytic Studies of the Personality,* Routledge e Kegan Paul, Londres.

Framo, J. (1976), Family of origin as a therapeutic resource for adults in marital and family therapy: you can and should go home again", em *Family Process,* 15:193-210.

Green, J. R. e Framo, J. (1981), *Family Therapy — Major Contributions,* International University Press, Nova York.

Whitaker, C. A. (1977), "Process techniques of family therapy", em *Interaction,* 1:4-19.

Whitaker, C. A. e Napier, A. Y. (1978), *The Family Crucible,* Harper & Row, Nova York.

PARTE II

CASAMENTO E TERAPIA DE CASAL

*Dai vossos corações, mas não os confieis
à guarda um do outro.*

*Pois somente a mão da VIDA pode conter
vossos corações.*

*E vivei juntos, mas não vos aconchegueis
demasiadamente;*

*Pois as colunas do templo
erguem-se separadamente,*

*E o carvalho e o cipreste não crescem
à sombra um do outro.*

Khalil Gibran

CAPÍTULO 8

O modelo psicanalítico

*Ela não consegue que ele dê a ela o que deseja dele
ela acha por isso que ele é mesquinho
Ela não consegue dar a ele o que dela ele deseja
ela acha por isso que ele é insaciável
Ele não consegue que ela dê a ele o que deseja dela
ele acha por isso que ela é mesquinha
e
ele não consegue dar a ela o que dele ela deseja
ele acha por isso que ela é insaciável.*

Ronald Laing

8.1 — CONSIDERAÇÕES HISTÓRICAS

O modelo "psicanalítico" aqui referido (assim como na apresentação da abordagem psicanalítica com famílias) fundamenta-se basicamente na teoria das relações objetais. Uma teoria psicanalítica, na qual a necessidade do *sujeito* de se relacionar com o *objeto* ocupa uma posição central, em contraste com a teoria instintiva, postulada por Freud, que focaliza a necessidade do sujeito de reduzir a tensão instintiva.

Vários analistas contemporâneos contribuíram para a elaboração de uma teoria que enfatiza as *Relações Objetais*. Os mais proeminentes, entretanto, são os britânicos Winnicott, Balint, Fairbairn e Guntrip. Todos eles, com exceção de Balint, foram extremamente influenciados pelo trabalho de Melanie Klein. Winnicott e Fairbairn foram seus analisandos, enquanto que Guntrip foi analisando de Winnicott e Fairbairn. Eles não trabalhavam juntos, mas seus postulados, com o decorrer do tempo, deram força uns aos outros, formando um corpo teórico distinto da teoria clássica psicanalítica, conhecido atualmente como a teoria das relações objetais.

Nas formulações de Freud, o desenvolvimento da personalidade envolve estágios nos quais a maior parte das necessidades e interesses da criança está concentrada na boca, ânus e genitais. Esses órgãos (zonas erógenas) foram considerados por Freud como fontes de sensações de prazer. A teoria das relações objetais, contudo, considera esses órgãos como *veículos* através dos quais o relacionamento com os pais é mediado. Fairbairn (1952) acredita que o auto-erotismo é essencialmente uma técnica pela qual o indivíduo procura fornecer a si mesmo não somente o que ele não pode obter do objeto, mas o *objeto* que ele não pode obter.

O que resulta desse conceito é que a fase oral, postulada por Freud, passa a ser considerada pela teoria das relações objetais não somente como o período durante o qual o bebê procura gratificação oral, mas, sobretudo, como um período no qual o relacionamento com sua mãe é o centro de sua sensação de ser e no qual o bebê tem ainda de ser confrontado com o fato de que ele (o bebê) e ela (sua mãe) são entidades diferentes.

Da mesma maneira, a fase anal passa a ser considerada através do desenvolvimento da teoria das relações objetais não só como um período durante o qual a criança está preocupada com a sua função anal, mas principalmente como um período durante o qual a criança está aprendendo a dominar seu corpo e é confrontada com o problema de tornar o seu comportamento aceitável ao mundo adulto.

Por sua vez, na fase fálica e edípica, passa a existir maior ênfase nas primeiras intimidações da criança em relação à existência de uma interação entre seus pais (da qual ela é totalmente excluída), o que a expõe a sentimentos de ciúmes e exclusão e a maior conscientização de sua imaturidade física e emocional.

Podemos dizer que, enquanto a teoria psicanalítica instintiva enfatiza os instintos e suas vicissitudes, a teoria das relações objetais focaliza o relacionamento do indivíduo com o objeto. Por exemplo, a primeira teoria assume que o objeto é importante na medida em que é capaz de fornecer prazer. Por outro lado, a segunda teoria assume que o valor do objeto está na sua capacidade de enriquecer relacionamentos. Dessa maneira, a teoria instintiva fornece à psicanálise um elo de ligação com a *biologia*, enquanto a teoria das relações objetais fornece à psicanálise uma ligação com as *ciências sociais*.

Em meados dos anos 40 começa a haver, na Europa e nos Estados Unidos, um crescente reconhecimento por parte dos sociólogos, psiquiatras, psicólogos e assistentes sociais, quanto à importância dos distúrbios nos relacionamentos humanos como fator essencial nas doenças apresentadas pelos indivíduos e pela sociedade.

Na Inglaterra, por exemplo, Bolwby publica nos anos 40 um artigo pequeno, mas extremamente influente, intitulado: "The study and reduction of group tensions in the family". No artigo, o autor descreve entrevistas com famílias e relaciona o material derivado das mesmas com o seu trabalho individual. Nessa mesma época, Laing enfatiza a esquizofrenia ou processo esquizofrênico como sendo derivado de relacionamentos interpessoais disfuncionais. Esses autores exerceram influências profundas no desenvolvimento de um clima intelectual no qual as desordens mentais são tidas como parte de um distúrbio no processo de relacionamentos interpessoais. E é nesse clima que em Londres, no ano de 1949, são fundados dois Centros de Estudos e Atendimento a Casais, a "Marital Unit" na Clínica Tavistock, e o "Family Discussion Bureau", posteriormente também vinculado à Clínica Tavistock, com o nome de Institute of Marital Studies. Esses dois centros, embora independentes, tinham como objetivo estudar a dinâmica marital e oferecer terapia àqueles que experimentassem distúrbios no casamento.

É, no entanto, na teoria das relações objetais, devido à sua ênfase no *relacionamento* do sujeito com seu objeto, que Henry Dicks (1967), psiquiatra da Marital Unit, e Lilly Pincus (1960) e seus colegas da "Family Discussion Bureau" encontram o alicerce para o desenvolvimento de uma abordagem psicanalítica com casais. Henry Dicks (1963) salienta que a compreensão da dinâmica marital prova ser mais clara quando analisada sob o prisma da teoria elaborada por Fairbairn, do que sob a doutrina clássica dos estágios de organização libidinal. Esse autor acredita ser bastante difícil analisar o conteúdo de uma interação complexa entre dois adultos mediante termos quase neurofisiológicos de gratificação dos impulsos, propostos por Freud. São pessoas que interagem, enfatiza Dicks, e quando suas interações se tornam turbulentas, seus impulsos se tornam também turbulentos.

8.2 — CONCEITOS BÁSICOS

Tendo em mente uma orientação fundamentada na teoria das relações objetais, podemos dizer que o desenvolvimento da personalidade se inicia a partir de uma percepção do bebê de que o objeto é parte de si mesmo. Nesse estágio, a capacidade do bebê de distinguir entre cuidados externos e uma experiência interna parece estar subdesenvolvida. Essa fase evolui primeiramente em direção a uma percepção rude do objeto, que é percebido como inteiramente "bom" ou inteiramente "ruim" (como foi proposto por Klein) e cresce em direção a uma maior capacidade do bebê de tolerar ambivalência. Ou seja, uma habilidade de reintegrar no Eu o que foi projetado no outro, sem que haja uma cisão inconsciente, rígida e excessiva dos sentimentos e percepções contrastantes do Eu e do outro. Como resultado saudável desse processo conflituoso, o bebê começa a perceber o outro como sendo total; a tomar conhecimento de que é a mesma pessoa (ele mesmo) que ama e odeia o mesmo outro, que pode ser "bom" uma hora e "ruim" em outra. Nesse estágio, sentimentos de ódio em relação ao objeto levam o bebê a experimentar ansiedade de que tais sentimentos vão destruir ou destruíram o objeto com o qual mantém relacionamento de dependência. Conseqüentemente o bebê experimenta sentimentos de culpa, perda e abandono.

Como resultado de uma preponderância de experiências suficientemente "boas", de relacionamento com o objeto, emerge um indivíduo consciente de si mesmo e do outro como sendo duas entidades separadas. Melhor explicando, um indivíduo capaz de amar e respeitar o outro como pessoa separada e diferente, de reconhecer seus próprios impulsos e sentir-se responsável por eles, e de tolerar sentimentos de culpa, perda e abandono.

Através de ampla gama de relacionamentos com o pai, pai-mãe e irmãos etc., a criança desenvolve um reservatório acumulado de potencial relacional com essas figuras, que se tornam, então, modelos internalizados de relacionamento. Esses modelos estão a serviço de relacionamentos futuros, especialmente no casamento, paternidade ou maternidade.

Com base nesses conceitos, a abordagem psicanalítica com casais envolve dois princípios fundamentais.

Primeiro: que as motivações que impulsionam os indivíduos a se casarem (ou coabitarem), ou seja, a escolha de parceiro para casamento e o que o mantém e lhe fornece características específicas estão relacionadas a fatores inconscientes. A atração sentida pelos cônjuges não se fundamenta somente na percepção consciente dos aspectos "bons" de cada um deles, mas também numa percepção a nível inconsciente. Inconscientemente a "escolha" é feita, geralmente a partir de uma complementaridade, um "encaixe" das personalidades dos cônjuges.

Em 1940, T. S. Eliot escreve uma peça intitulada *The cocktail party* onde descreve com clareza o "encaixe" de personalidade dos cônjuges:

> Edward: — Eu estou começando a ficar com muita pena de você, Lavínia.
>
> Você sabe, você é especialmente impossível de ser amada.
>
> E, eu nunca soube ao certo por quê.
>
> Eu pensava que era por minha causa.

Reilly: — E agora você começa a perceber, eu espero, o quanto vocês têm em comum. O mesmo isolamento.

Um homem que se acha incapaz de amar e uma mulher que acha que nenhum homem pode amá-la.

Lavínia: — Está me parecendo que o que nós temos em comum deve ser o suficiente para que odiemos um ao outro.

Reilly: — Pelo contrário, veja isso como o laço que nos une.*

Como nos sugere o poeta e escritor Eliot, a nível inconsciente, a atração dos cônjuges pode se dar a partir de uma imaturidade emocional mútua. Indivíduos que não conseguem facilmente existir como pessoas individualizadas e possuem uma intensa ansiedade de separação geralmente procuram um parceiro que é igualmente ansioso em relação à separação e, juntos, se "aderem" como se fossem um. Tais indivíduos podem, por exemplo, compartilhar a fantasia de comparar separação/individuação com perda irreparável, violência e sentimentos de culpa. Como maneira de aliviar as ansiedades geradas por essas fantasias, eles podem se unir de forma idealizada, sem brigas e desarmonias, projetando os sentimentos de agressividade e destrutividade fora do casamento. O mundo ao redor é, então, percebido como altamente ameaçador e persecutório, ao contrário do casamento, visto como perfeitamente harmonioso e repleto de amor. Mas, essa harmonia é mantida a alto custo; após alguns anos de casados, os cônjuges se deparam com uma vida estéril e pobre. Esses, são os casais que geralmente são "superficialmente" agradáveis e procuram terapia dizendo: "Não fosse nossa vida profissional, tão desgastante, nosso casamento seria realmente maravilhoso."

Indivíduos que não foram capazes de introjetar, durante a infância, um objeto bom e sentem-se ameaçados, perseguidos e com um interior "estragado" geralmente escolhem um parceiro com características semelhantes às suas. A dinâmica marital de tais cônjuges é, na maioria das vezes, marcada por uma dificuldade intensa de receber o "bom" que o outro tem para oferecer. Talvez para provar, a nível inconsciente, que sentimentos de perseguição e a percepção de possuírem um interior estragado não são infundados. Ou então, para preservar a fantasia da mãe "provedora" que nunca rejeita. Aceitar o "bom" que o parceiro tem para oferecer é expor-se à realidade e ter que abandonar a ilusão da mãe/esposa perfeita (objeto idealizado).

Observamos em tais casamentos que a dinâmica marital é utilizada como um meio através do qual os aspectos ruins, cindidos dos aspectos bons, podem ser projetados no outro, ficando cada um

---

* Tradução efetuada pela autora.

deles identificado apenas com seus aspectos bons, agora a salvo de si próprios, mas tendo que ser defendidos do outro, agora identificados com os aspectos ruins. Os cônjuges vivem brigando, mas não importa quão desconfortável e doloroso o relacionamento se apresente, são incapazes de se separar. É uma ligação paralisante, dolorosa e frustrante, mas uma maneira de colocar os aspectos ruins no outro e se posicionar a relativa distância do mesmo, uma maneira de não perder para sempre uma parte do Eu.

Outros casamentos são exemplo vivo das fantasias de castração e sedução experimentados na fase fálica. Marido e mulher com ansiedade de castração dizem e fazem o necessário para evitá-la, reivindicando no dia-a-dia sua posição, seu lugar, seu direito a se realizarem no casamento; isso pode ser vivido pelo outro, muito mais sensível à sua própria castração, como se cada um "castrasse o outro". Ceder seu lugar não seria o prêmio em troca da divisão e da distribuição das funções, mas seria vivido como anulação e autodestruição (Eiguer, 1985).

Os opostos se atraem, diz o ditado. O otimista possui um amigo ou uma esposa pessimista. Uma esposa econômica possui um marido esbanjador. Esse tipo de complementaridade entre cônjuges ou amigos íntimos, nós o encontramos facilmente ao nosso redor. Mas, a pessoa que reclama do pessimismo, esbanjamento, depressão ou loucura do outro está geralmente ansiosa com esses aspectos em si mesma, *identificados projetivamente* no outro. Através do mecanismo de identificação projetiva, os sentimentos e idéias derivadas do mundo interno do indivíduo são cindidos e projetados num objeto externo. Conseqüentemente, o sujeito fica desprovido dessa parte do Eu, e vivencia o objeto como se ele possuísse a parte projetada.

Encontramos esse mecanismo em muitos relacionamentos, mas no casamento ele é compartilhado por ambos os cônjuges. Melhor explicando, por causa das fantasias inconscientes compartilhadas ou complementadas por cada um deles e das ansiedades geradas por essas fantasias, cada um dos parceiros torna-se "desejoso" de se transformar no recipiente dessas projeções.

À medida que o outro se envolve como cúmplice das projeções nele colocadas, estabelece-se um processo *conivente* de interação. No casamento, quando esse processo é utilizado de modo rígido e excessivo, pode levar a pelo menos duas conseqüências importantes.

Primeiramente, esse processo levará cada um dos cônjuges a carregar uma "dose dupla". Tomemos como exemplo o relacionamento do marido dominante e da esposa submissa e vulnerável. A esposa vivenciará e expressará vulnerabilidade e submissão por ambos, enquanto toda a responsabilidade pela dominância e assertividade estará firmemente localizada na outra metade.

A segunda conseqüência é que cada cônjuge pode ligar-se a uma imagem falsa do outro e de si mesmo, e o teste de realidade, que facilita o crescimento, torna-se impossível. Quanto mais em guerra consigo mesmo o indivíduo estiver, mais partes de si mesmo ele projeta no cônjuge, e mais dependente ele se torna do receptáculo de suas projeções. Dessa maneira, o relacionamento com o cônjuge pode representar parcialmente um relacionamento consigo mesmo, e o cônjuge deixa de existir como um indivíduo com características próprias.

Laing (1979) ilustra esse processo no casamento através de um belo poema:

> Lúcio está enamorado da imagem que Lúcia faz de Lúcio
> tomando essa imagem pela própria
> Lúcia não deve morrer para que Lúcio
> a si mesmo não perca
> Lúcio tem ciúmes de que a imagem de um outro
> possa refletir-se no espelho de Lúcia
> Lúcia é um espelho deformante de si própria.
> Lúcia precisa deformar-se como forma
> de aparecer indeformada aos próprios olhos.
> Para não se deformar ela quer que ele deforme a imagem
> deformada de Lúcia no espelho deformado de Lúcio.
> Ela espera que se ele deformar a sua deformação
> ela veja indeformada a sua imagem
> sem ter que ela mesma deformá-la.

Um *segundo* princípio essencial para o entendimento da abordagem psicanalítica é a noção de criatividade e destrutividade no casamento. Henry Dicks (1963) salienta que, mesmo para os indivíduos com distúrbios severos (que parecem firmemente decididos a destruir seus relacionamentos através de suas exigências internas e suas destrutividades) o casamento é raramente uma simples compulsão à repetição. O casamento é também uma nova tentativa, mesmo que fracassada, de lidar com o passado e continuar a crescer e a desenvolver-se. É uma nova tentativa de resolver conflitos antigos, um empenho inconsciente de resolver as partes indesejáveis e intoleráveis do Eu, através da escolha de um parceiro que o ajudará nesse processo.

Sutherland (1958) sugere que em todos nós existe uma necessidade fundamental de unir e reintegrar as partes cindidas do Eu. O autor salienta que o mecanismo de projeção existente na dinâmica marital parece possuir uma "sabedoria" inconsciente, se considerarmos esse processo como uma tentativa de cada um dos cônjuges de integrar no Eu as partes indesejáveis. Parece possível, enfatiza Sutherland, que ambos os cônjuges são impelidos a trazer para o casamento seus conflitos para que eles possam ser de alguma maneira elaborados.

Casar os problemas, sugere Mattinson (1979), leva cada um dos cônjuges a pôr-se face a face com os aspectos intoleráveis do Eu, no outro, fornecendo uma oportunidade para reintegração. Em muitos casamentos, contudo, esse processo não ocorre, mas sim o desenvolvimento de um padrão de defesa mútua.

A partir de um encaixe da personalidade dos cônjuges, acredita-se que pode ser desenvolvido tanto um trabalho conjunto em direção à maturidade, quanto uma defesa mútua ou uma resistência conjunta, para que um crescimento doloroso seja adiado. Esses processos não ocorrem em um *vacuum* social. Mas, embora essa abordagem reconheça os processos extramatrimoniais que influenciam esses processos tais como: desemprego, acidente, a emancipação feminina, a descoberta dos contraceptivos etc., considera-se que os processos criativos e destrutivos no casamento são influenciados fundamentalmente pelos modelos de relacionamento vivenciados pelos cônjuges a nível consciente e inconsciente, em suas famílias de origem. Ou seja, cada um deles traz todas as experiências prévias e o sistema de relacionamento internalizado, estabelecidos durante as fases de desenvolvimento da personalidade.

O relacionamento intenso entre duas pessoas, o contato físico íntimo e o grau considerável de separação com o mundo exterior, inerentes à vida de casados, possuem características bem semelhantes às dos relacionamentos vivenciados na família de origem, durante a infância e a adolescência. Essa situação propicia então o retorno e a repetição das experiências ocorridas nesses períodos, assim como a repetição dos padrões de defesa, tais como cisão, negação, idealização, projeção etc., que ascenderam a partir de ansiedades experimentadas durante a infância e a adolescência.

A natureza e a potência das fantasias do indivíduo em relação às imagens dos pais, irmãos e outras figuras centrais nos primeiros anos de vida influenciam consideravelmente na escolha do parceiro e no comportamento, atitudes e percepções em relação a ele.

Os conflitos revividos nessas fantasias, a qualidade dos objetos que povoam o mundo interno dos cônjuges, as ansiedades em relação a amor e ódio, masculino, feminino, dar e receber, controlar e expulsar, fundamentam a adaptação dos cônjuges a uma nova situação e à evolução do casamento. Quando existe um nível muito alto de ansiedade, quando predominam objetos internos ruins e insatisfatórios, as atitudes dos cônjuges podem então ser muito rígidas e restritas, com muito pouca habilidade e liberdade para apreciar e explorar a nova situação e suas novas identidades. Um indivíduo que vivenciou uma experiência de íntima insatisfação no relacionamento com a mãe pode exigir do cônjuge um relacionamento de independência exagerada, ou então, ele pode estar com tanto medo de se apegar ao outro e repetir a experiência frustrante e insatisfatória com a mãe que passa a se comportar emocionalmente frio e distante, controlando a si mesmo e ao parceiro, de maneira hostil.

Portanto, essa abordagem enfatiza que, no casamento, os conflitos intrapsíquicos de cada um dos cônjuges são externalizados. Ou seja, as necessidades, medos e fantasias inconscientes, pertencentes ao mundo interno dos parceiros são constantemente testados e vivenciados no relacionamento *entre* eles (interpessoalmente). Problemas antigos, não resolvidos, de amor e ódio, dominância e submissão, abstinência e desejos insaciáveis, são manifestados na interação dos cônjuges.

O casamento, então, é considerado o "recipiente" das duas partes de um todo, dentro do qual cada um dos cônjuges pode interagir tanto criativa como destrutivamente.

Gill e Temperley (1972) ilustram com clareza os conceitos acima descritos, através do estudo de um caso.

O Sr. Bleak, 40 anos, advogado e a Sr.ª Bleak, 34 anos, professora universitária, são casados há 15 anos. Eles procuraram terapia porque, como casal, encontravam-se num beco sem saída. A esposa havia declarado que gostaria de se divorciar. O marido, por outro lado, gostaria que o casamento continuasse. Eles relataram que há algum tempo não tinham relacionamento sexual, pois a esposa constantemente recusava os gestos carinhosos do marido.

O Sr. Bleak era proveniente de uma família onde as mulheres apresentavam-se como fortes e dominadoras. O pai era figura de fundo e apresentava epilepsia, devido a um ferimento recebido durante a guerra. Era a mãe quem tomava conta da casa e dos negócios. O Sr. Bleak tinha uma irmã, que era também mulher de negócios muito bem-sucedida, e uma ótima mãe. Aos 10 anos de idade, o Sr. Bleak teve que se mudar para outra cidade, pois Londres, com a guerra, havia sido evacuada. Ele relata aos terapeutas ter sentido muito ódio por ter sido separado de sua mãe. Essa raiva aumentou ainda mais, pelo fato de sua mãe não o ter visitado quando ele sofreu um ferimento na perna e teve muito medo de que a amputassem. Ao retornar à companhia de sua mãe algum tempo depois, o Sr. Bleak refere ter sentido muita raiva dela e muita revolta. Mas ele não pôde manter essa atitude por muito tempo, tornando-se então um filho complacente.

A partir desses dados, Gill e Temperley inferiram que o Sr. Bleak cresceu em um ambiente onde as mulheres eram consideradas poderosas, e que ele tinha algumas justificativas para nutrir ressentimentos em relação a elas. Sem o exemplo de um pai efetivo, o Sr. Bleak não pôde aprender como diferenciar a assertividade masculina de um destrutivo acesso de ódio. Ele agia como se tivesse muito medo de não poder ser uma pessoa imperiosa sem destruir a mulher que amava.

Por sua vez, a Sr.ª Bleak era proveniente de uma família onde as mulheres eram desvalorizadas. Tinha várias irmãs mais velhas e um irmão, o mais novo da família muito estimado por todos eles. A Sr.ª Bleak não foi capaz de falar muito sobre seus pais, que morreram quando tinha uns 10 anos de idade.

Os terapeutas inferiram que a Sr.ª Bleak sentia-se muito desvalorizada e mal-amada, até entrar na família um tio bastante poderoso, um intelectual. Ele tomou conta dela e se tornou seu mentor. A Sr.ª Bleak apreciou o interesse do tio por ela, mas tinha a sensação de que não era amada e aceita pelo que ela era. Gill e Temperley sugerem que, como resultado dessa experiência com o tio, a Sr.ª Bleak aprendeu que, aptidões intelectuais poderiam ser utilizadas para protegê-la de novas humilhações, iguais às que sofrera antes do empenho do tio em "melhorá-la". Dessa maneira, ela chegou à idade adulta insegura sobre sua aceitabilidade como mulher. Por um lado, ela achava fascinante os homens poderosos que se colocavam como mentores. Mas, por outro lado, ela manteve um certo ressentimento por esse tipo de homens e temia que, como mulher, ela fosse desvalorizada por eles.

Quando o Sr. e a Sr.ª Bleak se conheceram, ele tinha 24 anos e já havia se graduado, e ela, 18 anos e trabalhava como secretária na mesma firma onde ele era o advogado. Para a Sr.ª Bleak, o futuro marido era potencialmente um mentor, como seu tio, mas um mentor que a valorizava como mulher. Para o Sr. Bleak, a futura esposa era uma jovem admirável, capaz, como as mulheres de sua família, mas não dominante e poderosa como sua mãe.

Parecia ser para eles um começo esperançoso, comentam os autores. A Sr.ª Bleak deveria estar desejosa de que o casamento fornecesse uma experiência benigna, amenizando seu sentimento de que ser uma mulher em desvantagem é algo insuportável. Por sua vez, o Sr. Bleak deveria estar esperançoso de vivenciar uma situação onde conseguisse ser assertivo e imperioso e que essa experiência não confirmasse seu medo de que essa atitude com uma mulher iria destruí-la.

Os terapeutas levantam então a hipótese de que, a nível inconsciente, tanto o Sr. Bleak como a Sr.ª Bleak compartilhavam do mesmo medo. Ou seja, se o homem tem poder sobre a mulher, ele o usará para causar-lhe dano e para humilhá-la. Assim, o casamento poderia ser visto como um experimento para testar se eles tinham que manter rígida a postura defensiva apresentada por cada um deles. Para muitos, o casamento fornece uma oportunidade para descobrir que seus medos e fantasias sobre o relacionamento homem-mulher são infundados. O relacionamento com o cônjuge ameniza o medo e as fantasias, e a personalidade de cada um deles é enriquecida.

No caso do Sr. e da Sr.ª Bleak, o casamento não favoreceu esse processo. E os autores nos oferecem uma hipótese da razão pela qual a fantasia compartilhada pela Sr.ª e Sr. Bleak não pôde ser superada. Parece possível, de acordo com Gil e Temperley, que os medos inconscientes do casal provaram ser muito poderosos e, portanto, incapazes de serem amenizados pela experiência do casamento. Por exemplo, suponhamos que o Sr. Bleak perca a sua paciência e mostre-se enfurecido com sua mulher. Nesse momento, o seu medo de ser destrutivo estaria no seu ponto mais alto, e a reação da Sr.ª Bleak seria crucial, em relação a essa experiência devastadora, ou tranqüilizadora. O que talvez o Sr. Bleak mais temesse seria ver sua mulher "desmoronar", confirmando então que ele tinha sido muito destrutivo. Infelizmente, é bastante provável que seria esta a reação da Sr.ª Bleak, pois a experiência de um homem enfurecido lhe produzia grande temor. Possivelmente, ela ficaria alarmada e poderia até mesmo "desmoronar".

Quando o casal procurou terapia, todo o poder emocional de ambos estava localizado na Sr.ª Bleak. Ela continuou estudando, graduou-se e envolveu-se intensamente em sua profissão, onde se mostrou bastante competente. Nem mesmo o nascimento de quatro filhos interrompeu ou prejudicou sua carreira. Por outro lado, o Sr. Bleak não ascendeu profissionalmente como sua mulher. Ao iniciarem terapia, o marido apresentou-se como um homem impotente e desesperado, incapaz de mudar a decisão de sua mulher de deixá-lo. Ao passo que a Sr.ª Bleak apresentou-se como uma mulher assertiva e dominadora, que tinha sido muito mais bem-sucedida profissionalmente do que o marido. Ela ganhava mais do que ele, e constantemente mostrava-se irritada pela passividade e dependência do marido.

Tanto o Sr. Bleak como a Sr.ª Bleak, contudo, não precisavam mais temer que ele iria danificá-la, tendo em vista que ela estava claramente no controle. Tal "arranjo" aliviou a ansiedade central de ambos, mas tiveram que pagar por isso um preço bastante alto. A Sr.ª Bleak "tornou-se" uma mulher poderosa, forte e "indestrutível" como a mãe de seu marido, mas este não podia mais abordá-la sexualmente, de maneira confiante. Por sua vez, o Sr. Bleak "tornou-se" fraco e passivo, por quem a esposa não sentia nenhuma atração, pois ele já não se apresentava como um homem agressivo e poderoso, como o tio dela.

Esse exemplo ilustra com clareza como, na dinâmica marital, regressão e maturidade não só são possíveis, mas na verdade precipitam ambos esses processos. E é pela escolha do parceiro, a nível inconsciente, pela percepção inconsciente de que o outro se "encaixa" nos seus próprios medos, fantasias e conflitos que o casamento fornece um campo fértil tanto para crescimento como para perpetuação de conflitos não resolvidos.

8.3 — O PROCESSO TERAPÊUTICO

O método terapêutico da abordagem psicanalítica com casais passou por algumas modificações desde o seu início, embora sempre com o objetivo de esclarecer como e por que o casamento estava perturbado (ao invés de elucidar qual dos cônjuges estava mais perturbado e por quê). A maneira pela qual as sessões foram estruturadas também se transformou com o tempo.

A princípio, sobretudo os terapeutas do *Family Discussion Bureau* ofereciam aos casais sessões individuais (cada um dos cônjuges com um terapeuta). Sessões conjuntas (dois terapeutas e o casal) eram oferecidas somente no início do tratamento, com finalidade diagnóstica.

Atualmente, no *Institute of Marital Studies*, sessões individuais ou conjuntas são oferecidas durante o tratamento de acordo com as necessidades e distúrbios de cada casamento. Diz-se claramente ao casal, no início da terapia, que as sessões individuais são confidenciais e que os terapeutas não dirão ao outro cônjuge, nas sessões conjuntas, o que ocorreu na sessão individual. Além disso, o casal é avisado que os terapeutas sempre trocam informações sobre as sessões individuais, e o casal é encorajado a fazer o mesmo.

Sessões conjuntas são indicadas para aqueles casais que funcionam em um nível primitivo de desenvolvimento, no nível descrito por Klein como a fase esquizo-paranóide. Para tais pessoas, as fronteiras individuais são vagas e flutuantes, e o relacionamento se dá a nível de objetos parciais. Cisão, projeção, negação e idealização são as defesas utilizadas por eles. Entre o casal, partes do Eu são projetadas e prontamente aceitas pelo outro. Nas sessões conjuntas, os terapeutas podem observar como o casal ativa as identificações projetivas e quais são as ansiedades que impulsionam esse comportamento.

As sessões individuais são indicadas quando os cônjuges começam a sentir culpa ou tristeza pelo que estão fazendo um com o outro. Nesse estágio intermediário de desenvolvimento existe uma "luta" para reconhecer a coexistência de amor e ódio em relação à mesma pessoa. Além disso, uma conscientização maior das diferenças e individualidades pode ser vivenciada como ameaça de abandono. Para tais casais, sessões individuais são consideradas necessárias para ajudar cada um dos parceiros a suportar culpa e prevenir regressão aos sistemas prévios, mais primitivos, de cisão e projeção.

Se o casal, no entanto, estiver se relacionando em um nível mais maduro de desenvolvimento, o nível denominado por Klein de fase depressiva, os cônjuges serão capazes de tolerar ambivalência, solidão e separação. A emergência de sentimentos negativos, divergência de opiniões e conflitos podem ser suportados e utilizados de modo construtivo. Para tais casais, acredita-se que não faz muita diferença se o casal é atendido em sessões individuais ou conjuntas. Em qualquer dessas situações existirá uma conscientização mútua das contribuições conjuntas para o distúrbio no casamento.

Ao contrário do *Institute of Marital Studies*, a *Marital Unit*, desde o início, utilizou sessões conjuntas e co-terapia (2 terapeutas). Mas, essas duas instituições visaram desde o início a compreender o conteúdo inconsciente das comunicações e comportamentos do casal, através do processo de transferência e contratransferência. *Transferência*, no contexto terapêutico, é o processo através do qual o paciente projeta no terapeuta sentimentos, percepções, objetos internalizados etc., que derivaram de experiências de relacionamentos anteriores do sujeito com figuras parentais. Ao invés de lembrar sua infância e seu relacionamento com seus pais e figuras significativas em sua vida, o paciente representa-os na transferência.

No trabalho com famílias e casais, considera-se que os cônjuges e os demais membros da família possuem um mundo interno partilhado por todos eles. Isso implica na existência de fantasias inconscientes comuns a todos. Portanto, o processo de transferência no trabalho com famílias e casais significa que, em relação às comunicações enviadas por cada um deles, o(s) terapeuta(s) tenta(m) entender qual é a *transferência comum*, considerando cada membro como parte de um todo, engajado numa interação inconsciente, não somente entre eles, mas com o(s) terapeuta(s).

Implícita no conceito de transferência comum está a idéia de que não são os aspectos psicológicos de cada membro que serão trabalhados em terapia, mas sim o inconsciente grupal, mais precisamente as fantasias inconscientes compartilhadas e comuns a todos os membros da família, e as ansiedades geradas por essas fantasias, que induzem os membros da família a utilizarem mecanismos de defesa complementares entre si, todos, porém, acobertando essas fantasias. Trabalhando o inconsciente grupal, acredita-se que cada membro da família (ou cada um dos cônjuges, no caso de terapia marital), poderá recuperar um sentido individual de sua existência, na medida em que poderá ser reconhecido como "outro". Ao mesmo tempo, recupera-se também o potencial de crescimento e auto-realização, considerados como fatores inerentes à vida em família.

Geralmente, um ou dois anos de terapia, uma vez por semana, é o tempo necessário para trabalhar o sistema de fantasias inconscientes compartilhadas pelos membros da família (Dicks, 1967).

Contratransferência, no contexto terapêutico, como foi clarificado por Racker (1968), significa todos os sentimentos e reações inconscientes experimentadas pelo terapeuta/analista em relação ao seu cliente, especialmente em relação à transferência.

Existem três considerações diferentes em relação ao processo de contratransferência. A primeira enfatiza que as reações do terapeuta em relação ao seu cliente são parte de sua própria patologia e, portanto, devem ser superadas. Esse conceito originou-se no início do desenvolvimento da psicanálise e, até certo ponto, persiste até os dias de hoje.

A segunda, como foi proposto por Ferenczi (1919), sugere ser inapropriado para o terapeuta ficar molestado por esse processo, desde que é um fenômeno inevitável no contato entre duas pessoas. Em face a um fenômeno contratransferencial com seu cliente, o terapeuta, segundo esse autor, deve compartilhar suas reações com o cliente, sem necessariamente tentar entender seu significado na transferência.

A terceira consideração enfatiza o processo contratransferencial como sendo não só um processo inevitável, mas também parte integral da terapia. Se a contratransferência for entendida, processada e utilizada adequadamente, fornecerá informações valiosas sobre o inconsciente do paciente. Esse é o conceito utilizado pela abordagem psicanalítica com casais e famílias.

No trabalho desenvolvido em co-terapia, cada terapeuta pode reagir diferentemente às experiências de contratransferência em relação aos diferentes membros da família e em relação ao seu colega. E são essas diferentes experiências que fornecem evidências sobre as fantasias inconscientes compartilhadas pelo grupo e as ansiedades geradas por essas fantasias. Mas assim como o terapeuta individual deve ser cuidadoso em diferenciar um fenômeno contratransferencial de uma transferência sua para o paciente, os co-terapeutas de família e casal têm que ser cuidadosos em diferenciar a natureza do relacionamento entre eles como um reflexo do relacionamento do grupo familiar (ou dos cônjuges), das dificuldades pessoais entre eles como colegas. Por esse motivo, considera-se extremamente importante discutir os atendimentos regularmente em supervisão.

Semelhante a todas as abordagens psicanalíticas, a função do(s) terapeuta(s) é a de não só aceitar as projeções da família ou casal, mas também responder a elas de modo a facilitar o *insight* de seus clientes. Quando é projetado no terapeuta (ou co-terapeutas) um objeto internalizado mau e perseguidor, isso necessita ser explicitado e compreendido durante a sessão. Ao mesmo tempo, se possível, esse processo deve ser utilizado para iluminar como os membros se relacionam com o(s) terapeuta(s).

No caso da família Silva (Cap. 6), pudemos observar que, revezadamente, os terapeutas experimentavam na contratransferência as projeções de um objeto internalizado ruim e perseguidor e as projeções de um objeto idealizado. Nessas circunstâncias os terapeutas, alternadamente, sentiam-se ora encurralados e desmoralizados, ora como aquele que deveria "salvar" o grupo familiar.

Os co-terapeutas necessitaram tolerar essas projeções e trabalhar nelas dentro de si mesmos e entre eles. Só assim, eles puderam explicitar à família as dificuldades de todos os membros em relação a sentimentos de amor e ódio, dominância e submissão, masculino e feminino, e como eles lidavam com esses sentimentos em relação aos terapeutas e entre eles. Semelhante à maneira com a qual o grupo familiar se relacionava com os terapeutas (desvalorizando um e idealizando o outro), a família colocava José na posição de "salvador" ou "destruidor" de todo o grupo. Da mesma maneira, os pais do Sr. e da Sr.ª Silva foram também vivenciados, desempenhando esses dois papéis opostos.

No caso do Sr. e da Sr.ª Bleak, Gill e Temperley (1972) relatam que, no início do tratamento, a terapeuta do sexo feminino era a mais ativa dos dois, enquanto seu colega reforçava os temas interpretativos introduzidos por ela. Essa modalidade de relacionamento entre os terapeutas espelhava a interação do casal, ou seja, a percepção compartilhada pelos cônjuges, de que a mulher tinha que ser forte e dominadora.

A partir da experiência da contratransferência do terapeuta podemos assinalar, como foi sugerido por Eiguer (1985), que a interpretação da transferência da fantasia compartilhada pelo grupo familiar preenche quatro funções importantes: 1. Ela libera o terapeuta de sua contratransferência, retransmitindo à família suas projeções; 2. Ela permite desprender as cargas agressivas que bloqueiam os vínculos libidinais da família, através da introdução do pensamento, do pensável, do dizível e do possível-suportável, dos quais o terapeuta se faz a garantia; 3. Ela dá lugar a uma circulação entre o psiquismo da família e o do terapeuta, este não rejeita a realidade psíquica das fantasias comuns do grupo, o que poderia acontecer, caso o terapeuta se refugiasse no tecnicismo ou fugisse desse processo, e 4. Se a interpretação é seguida de associações, permite incorporar as fantasias do grupo ao movimento das representações ou dos traços mnêmicos da história familiar, habitualmente clivados ou reprimidos pelo pensamento e pelas interações entre os membros.

Esses processos se tornam fatores de individuação. A fantasia compartilhada passa a ser vivenciada como pertencente a todos os membros (e não a um deles, ou fora do grupo familiar); a partir dessa experiência os membros podem se desapegar suficientemente uns dos outros, porque encontraram esse algo comum, eles "sabem" que estão próximos, pela associação dos mesmos medos, conflitos e ansiedades.

Tomando como referencial a formulação de Hanna Segal (1973) sobre interpretação transferencial completa, na terapia familiar e de casal, uma interpretação deve incluir o relacionamento dos membros entre si, o relacionamento do grupo familiar (ou casal) com o terapeuta e a ligação desses relacionamentos com figuras parentais do passado.

M s, como sugere Hanna Segal, na prática, uma interpretação não é sempre completa, e o terapeuta não deve ficar preocupado em como atingir tal objetivo.

Às vezes, não é preciso tornar explícito o fenômeno transferencial entre clientes/terapeutas, mas considera-se prioritário, na medida do possível, utilizar esse fenômeno para iluminar a natureza da interação entre os cônjuges (ou demais membros da família). Isso, porque clientes e terapeuta(s) freqüentemente se encontram uma vez por semana e espera-se que grande parte do trabalho seja feito pelo casal (ou família) em casa, durante o resto da semana. Entretanto, no caso de uma transferência negativa, é imprescindível que esse processo seja explicitado e entendido, a fim de capacitar a continuação da terapia. Mas, deve também ser explicitado como o relacionamento dos cônjuges (ou da família) com os terapeutas espelha o relacionamento entre eles.

Adeptos da modalidade terapêutica elaborada no *Institute of Marital Studies* enfatizam que estabelecer e capacitar um relacionamento de dependência com os terapeutas é secundário para o processo de capacitar um relacionamento de interdependência e crescimento entre os cônjuges. Os terapeutas desempenham o papel de figuras parentais continentes, com as quais o casal pode sentir-se seguro o suficiente para explorar os aspectos regredidos de suas personalidades, enquanto desenvolve, ao mesmo tempo, um casamento continente.

O conceito de continência, elaborado por Bion (1962), implica um estado mental específico no qual a mãe está pronta e acessível para receber as projeções do bebê e para transmitir a ele a sensação de que suas ansiedades são suportáveis e possuem um significado. A internalização desse processo e a identificação com a mãe continente são considerados como fatores essenciais para o desenvolvimento de uma capacidade de ser acessível ao impacto de novas experiências, sem que o indivíduo perca a integridade de sua personalidade. Melhor explicando, o indivíduo desenvolve a capacidade de manter seu conhecimento e sua experiência, ao mesmo tempo em que está preparado para reconstruir experiências prévias.

Sally Box (1981) e seus colegas do Departamento de Adolescentes da Clínica Tavistock em Londres, extrapolam o conceito de continência elaborado por Bion, para o trabalho com famílias. Para esses autores, o terapeuta (ou co-terapeuta) diante do fenômeno transferencial deve ser capaz de tolerar as frustrações da família assim como suas próprias frustrações, e ajudar a família a "modificar-se", ao invés de "evadir-se".

O(s) terapeuta(s) necessita(m) tolerar as projeções do grupo familiar e, como a mãe com seu bebê, fornecer um receptáculo para os sentimentos intoleráveis, até que esses sentimentos possam ser retransmitidos ao grupo, de forma mais digerível. Esse processo é considerado fundamental para o crescimento da família, ou casal, pois fornece experiências que capacitarão a internalização da continência, vivenciada no relacionamento com o(s) terapeuta(s).

A tarefa do terapeuta de casal ou família, de orientação psicanalítica, é enriquecida e facilitada pelo uso de co-terapia. Co-terapia, no entanto, é recomendável, mas não imprescindível. Recomendável, pois possibilita um "casamento alternativo" em relação ao qual o sistema inconsciente do grupo pode ser testado e facilitado. O que se perde, no caso de um único terapeuta, é o modelo de uma díade cooperativa, quase conjugal, que serve de espelho para o grupo familiar ou o casal. Além disso, as funções preenchidas pelos co-terapeutas, no que concerne às projeções, têm que ser desempenhadas por um único terapeuta. Ele deverá, portanto, segundo Dicks (1967), possuir um alto grau de sensibilidade às mudanças de clima provocadas por transferências adicionais e ser capaz de relacionar as projeções conjuntas e individuais ao relacionamento do casal (ou família).

Dicks (1967) sugere que tais habilidades podem ser desenvolvidas através de várias experiências em co-terapia e através de experiências com diversos casos clínicos diferentes.

BIBLIOGRAFIA

Bion, W. (1962), "A theory of thinking", em *Second Thoughts*, Keinemann, Londres.

Bohwby, J. (1940), "The study and reduction of group tensions in the family", em *Human Relations*, 2:123-8.

Box, S. *et al.* (1981), *Psychotherapy with Families: an analytic approach*, Routledge e Kegan Paul, Londres.

Dicks, H. (1963), "Object relations theory and marital studies", em *British Journal of Medical Psychology*, 36:126-9.

Dicks, H. (1967), *Marital Tensions*, Routledge & Kegan Paul, Londres.

Eiguer, A. (1985), *Um divã para a família*, Artes Médicas, Porto Alegre.

Gill, H. S. e Temperley, J. (1972), "Treatment of the maritai dayd in a fousome: an illustrative case study", em *Postgraduate Medical Journal*, 48:555-60.

Laing, R. (1979), *Laços*, Coleção Psicanálise, vol. IX, Vozes, Petrópolis.

Mattinson, J. e Sinclair, I. (1979), *Mate and Stalemate*, Basil Blackwell, Inglaterra.

Racker, H. (1968), *Transference and coutertransference*, Hogarth Press, Londres.

Segal, H. (1973), *Introduction to the work of Melanie Klein*, Hogarth Press, Londres.

Sutherland, J. D. (1958), "Analysis and contemporary thought", em *International Psychoanalytical Library*, n.º 53, Hogarth Press and Institute of Psychoanalysis, Londres.

CAPÍTULO 9

Breve descrição de outras abordagens em terapia de casal

9.1 — Como mencionamos anteriormente, o modelo *sistêmico* considera o casal como um sistema, ou melhor, um subsistema no interior da família.

Para essa abordagem, conflitos maritais aparecem quando as regras implícitas que governam a interação não estão em concordância para ambos os cônjuges ou quando não existe concordância quanto a qual dos cônjuges competem as regras ou ainda quando as regras ou exigências feitas simultaneamente por parte dos cônjuges são conflitantes ou contraditórias, como é o caso, por exemplo, de uma situação de duplo vínculo.

Em relação a esta última possibilidade, ou seja, no caso de uma interação marital delineada por um duplo vínculo, Watzlawick e seus colegas (1985) nos fornecem um exemplo interessante: "... um casal solicitou ajuda psiquiátrica devido ao excessivo ciúme da esposa, que torna a vida intolerável para ambos. Revela-se que o marido é um homem sumamente austero e moralista, que se orgulha muito do seu estilo ascético de vida e do fato de 'nunca, nunca em minha vida dei a alguém motivos para duvidar da minha palavra'. A esposa, que provém de um meio muito diferente, aceitou a posição complementar de inferioridade, exceto numa área: mostra-se renitente a renunciar ao seu aperitivo antes do jantar, um hábito que, para o esposo, que é abstêmio, é repulsivo e tem sido o tema de intermináveis discussões desde o início de sua vida matrimonial. Há aproximadamente dois anos, o marido, num acesso de cólera, disse-lhe: 'Se você não abandona o seu vício, eu arranjarei outra', acrescentando que teria casos com outras mulheres. Isso não provocou mudança alguma no padrão de suas relações mútuas e, alguns meses depois, o marido decidiu permitir que ela continuasse com seu hábito, a fim de manter a paz doméstica. Nesse preciso momento, desencadeou os ciúmes da esposa, com o seguinte fundamento lógico:

Ele é inteiramente digno de confiança, portanto, deve estar cumprindo a sua ameaça de ser infiel, isto é, indigno de confiança. Por outro lado, o marido está igualmente colhido na teia de sua previsão paradoxal, visto que não pode tranqüilizar convincentemente a esposa no sentido de que foi uma ameaça impulsiva, proferida num instante de cólera, e que não deve ser levada a sério. Ambos se apercebem de que estão presos numa armadilha que eles próprios armaram, mas não vêem como escapar...".

Terapeutas de casal adeptos da escola sistêmica objetivam melhorar a capacidade dos cônjuges de enviar e receber mensagens, e tendem a prestar especial atenção às discrepâncias nas comunicações verbais e não verbais, ou seja, no que está sendo dito e na postura, expressão e tom de voz que acompanham a mensagem verbalizada. Pois, como enfatizam Watzlawick e seus colegas (1985), qualquer comunicação incita à expectativa de um comportamento e qualquer comportamento, incluindo, por exemplo, um comportamento sintomático, possui um elemento de comunicação.

Dentre os terapeutas sistêmicos, embora apoiados nos mesmos conceitos teóricos (assim como ocorre na abordagem sistêmica com famílias), encontramos algumas diferenças técnicas. Assim, a abordagem estratégica breve enfatiza a qualidade da comunicação entre os cônjuges, acreditando que conflitos aparecem quando existe uma comunicação rigidamente simétrica ou complementar e/ou quando o cônjuge está preso em uma vinculação dupla. Como mencionamos anteriormente (Capítulo 3), esse enfoque visa, através da técnica de prescrição do sintoma, a comunicação recíproca entre os cônjuges.

Tomemos como exemplo (Watzlawick *et al.*, 1985), o cônjuge alcoólico: "...o marido pode afirmar que sua esposa é muito controladora e que ele só se sente mais homem depois de alguns tragos. A esposa replica rapidamente, declarando que renunciaria de bom grado ao comando se o marido fosse um pouco mais responsável; mas, como ele se embriaga todas as noites, ela vê-se obrigada a cuidar do marido... Por detrás da fachada de descontentamentos, frustrações e acusações, eles confirmam-se mutuamente por meio de um *quid pro quo*: o marido, ao permitir que a esposa seja sóbria, razoável e protetora, e ela, ao possibilitar-lhe que seja irresponsável, infantil e, em geral, um fracasso incompreendido..."

Para esses autores, o casal deve ser instruído, durante a terapia, para que bebam juntos, mas com a condição de que a esposa beba sempre um copo a mais do que seu marido. Dessa forma, o velho padrão de interação é destruído: "... beber é agora algo que ele 'não pode evitar'... Ambos têm de vigiar constantemente as doses que tomam e a esposa que, usualmente, bebe com moderação, se é que bebe, alcança um grau de embriaguez que obriga o *marido* a cuidar *dela*. Isso constitui não só uma inversão total dos seus papéis habituais mas, além disso, coloca o marido numa posição insustentável com respeito ao seu hábito: se cumpre as instruções do terapeuta, deve agora deixar de beber ou então obrigar a esposa a beber mais, correndo o risco de fazê-la passar mal. Se, quando a esposa já não pode beber mais, ele quer violar a regra (de que ela beba sempre um copo a mais do que ele) e continuar bebendo sozinho, defrontar-se-á com a situação pouco familiar de ver-se privado do seu anjo da guarda e, inclusive, de ser responsável por si mesmo e por ela..."

Por outro lado, para os terapeutas sistêmicos que utilizam predominantemente técnicas estruturais, em geral, a terapia de casal ocorre na fase final da terapia familiar, no caso de ficar claro que o sintoma de um filho, por exemplo, servia para manter conflitos conjugais não resolvidos. Após o filho ser defocalizado em entrevistas conjuntas, o terapeuta pode sugerir que somente os pais compareçam à terapia, quando então técnicas estruturais são utilizadas para fortalecer o subsistema conjugal e a individualidade dos cônjuges (vide Capítulo 2).

Dentre os terapeutas sistêmicos, Virginia Satir (1980) foi, contudo, quem mais se deteve na interação marital, enfatizando as capacidades de auto-estima e diferenciação como fatores importantes para se entender a qualidade da interação entre os cônjuges.

Para Satir (1980), um indivíduo disfuncional — ou seja, um indivíduo que não foi capaz de desenvolver auto-estima e senso de individualidade — não é capaz de desenvolver uma das mais importantes funções da comunicação, isto é, não é capaz de checar suas percepções para verificar se elas correspondem à realidade. Quando duas pessoas não são capazes de checar mutuamente suas percepções em relação ao outro, o resultado pode ser desastroso, como ilustra Satir (1980).

"A nível de relato:

Esposa: — Ele sempre fica bravo.

Marido: — Eu não fico bravo.

A nível explanatório:

Esposa: — Eu não faço coisas para agradá-lo.

Marido: — Eu não faço coisas para agradá-la.

A nível de interpretação:

Esposa: — Ele não gosta de mim.

Marido: — Ela não gosta de mim.

Manifestação:

Esposa: — reclama do marido, a voz é alta e estridente, os olhos arregalados, está tensa, movimenta muito o corpo e as mãos.

Marido: — não diz nada, abaixa os olhos, contrai o corpo e mantém a boca apertada.

Resultado: — A esposa consulta um advogado para se divorciar do marido. O marido segue o exemplo da esposa."

Dessa forma, Satir apresenta-se ao casal (ou família) como uma especialista, uma professora de comunicação. Para ela, a tarefa do terapeuta é a de ensinar uma nova linguagem, através da qual os cônjuges possam resolver os problemas de comunicação existentes entre eles, os quais dão origem ao conflito.

As técnicas utilizadas por Satir visam, portanto, a clarificar a comunicação entre os cônjuges, como por exemplo, a técnica da gravação em vídeo das sessões e utilização da mesma para mostrar aos cônjuges como eles se comunicam a nível verbal e não verbal, e para demonstrar os progressos alcançados. Além disso, Satir introduz jogos na terapia. O terapeuta pode, por exemplo, instruir os cônjuges para simularem o comportamento do outro durante a terapia, ou então, para manterem um diálogo no qual um deles terá sempre que concordar e o outro discordar; ou ainda, para os cônjuges se colocarem de costas um para o outro, quando então são encorajados pelo terapeuta a manter um diálogo nessa posição. Este último jogo possui uma seqüência progressiva: após os cônjuges estarem de costas um para o outro, eles devem ficar de frente, mas sem conversar ou se tocar. Em seguida, eles são encorajados a se tocarem e se olharem, mas ainda sem conversar, até que finalmente o casal é instruído a tocar-se, olhar-se e tentar uma discussão.

Segundo Satir (1980), a terapia termina quando os cônjuges são capazes de: 1) checar suas percepções com o outro; 2) enxergar a percepção do outro sobre si mesmo; 3) dizer seus próprios medos e expectativas ao outro, e 4) enviar ao outro mensagem clara, com alto nível de congruência entre o verbal e o não-verbal.

9.2 — Outra abordagem em terapia de casal é a *comportamentalista*, que visa identificar as seqüências de comportamento que caracterizam as interações indesejáveis entre os cônjuges. A partir daí, o terapeuta, juntamente com o casal, estrutura e supervisiona um programa através do qual cada um dos cônjuges aprende a reforçar o comportamento desejado do outro, ao invés de reforçar o comportamento sintomático do outro.

Os objetivos finais a serem alcançados são especificados através de uma cadeia de objetivos intermediários, ou seja, primeiramente visa-se ao reforço do comportamento desejado e só mais tarde visam-se áreas mais amplas do comportamento.

O enfoque comportamentalista tem sido bastante utilizado na terapia sexual, sendo que Masters e Johnson (1970) são considerados os formuladores dessa modalidade terapêutica. Adeptos da terapia sexual elaborada por esses autores visam a esquematização de um programa de auto-reforço do comportamento desejado, primariamente o processo de dar e receber prazer, deixando que o desempenho do ato sexual se desenvolva por si só. No caso de problemas mais severos como, por exemplo, frigidez e impotência, o programa comportamental especifica objetivos intermediários que excluem, no início, qualquer tentativa de contato genital. Geralmente, num primeiro contato, o terapeuta instrui o casal a tirar umas férias e ficar longe da família, em um hotel, por um período de duas semanas. O casal deve atender à clínica diariamente, por um período de duas semanas, inclusive aos domingos, e pode-se telefonar aos terapeutas (geralmente um casal heterossexual) a qualquer momento.

A fase intermediária do tratamento perdura dois ou três dias. No período, os cônjuges passam por minucioso exame médico, ginecológico e psiquiátrico. No caso de ser encontrada alguma sintomatologia física, o paciente é encaminhado para um médico especialista. Durante o exame físico, cada um dos cônjuges recebe informações sobre as diferenças anatômicas, tamanho e formato das genitálias.

Em seguida, indicam-se "conferências" diárias com o casal e os terapeutas. Nessas conferências o casal é encorajado a comunicar seus problemas sexuais, suas dificuldades e sucessos. Masters e Johnson (1970) enfatizam que, durante essa fase, o terapeuta do sexo masculino nunca olhe ou dirija a palavra à esposa, e o mesmo ocorre com a terapeuta do sexo feminino em relação ao marido. Isso é estruturado com o objetivo de evitar sedução, embora, segundo Crowe (1979), a principal vantagem dessa técnica está em evitar coalisões, ou seja, aliança de um dos cônjuges com o terapeuta, contra o seu(sua) parceiro(a) conjugal.

A partir do quarto dia de tratamento oferecem-se ao casal instruções específicas a serem executadas no quarto do hotel. Primeiramente, a relação sexual fica proibida, com a intenção de ajudar àqueles que se apresentam muito ansiosos quanto à "performance" durante o ato sexual. Ao invés do contato genital, o casal pratica massagem utilizando uma loção especial em toda a parte do corpo, exceto busto e genitália. Isso visa enfatizar a comunicação física através das mãos de quem está massageando e do corpo de quem está sendo massageado. Por outro lado, a comunicação verbal é importante para fornecer *feedback* sobre as sensações corporais, à medida que é tocado e acariciado.

Após alguns dias de treinamento, recomenda-se ao casal que tenha um relacionamento sexual completo, mas que a esposa deve ficar na posição superior, visando evitar uma associação com a posição tradicional e subseqüente repetição das dificuldades.

Vários terapeutas têm utilizado a técnica elaborada por Masters e Johnson e aí introduzido algumas modificações, tais como Duddle (1975), Bancroft e Coles (1976) e Crowe (1977). Mais recentemente, tem havido uma tentativa de integrar as técnicas propostas por Masters e Johnson como o enfoque psicodinâmico, como é o caso, por exemplo, de Kaplan (1974) que tem sido bastante reconhecido, principalmente pela sua flexibilidade em atender o casal em grupo ou individualmente.

9.3 — O uso da *terapia de grupo* para casais também está se tornando bastante popular, especialmente nos casos de problemas maritais que necessitam de um tratamento mais prolongado. Geralmente, o grupo consiste de três ou quatro casais, enfatizando a interação dos cônjuges, ao invés dos processos grupais.

No trabalho desenvolvido por Framo (1973), por exemplo, a cada casal é fornecido um tempo determinado durante a sessão para que coloquem suas dificuldades e, desde o início da terapia, cada casal é orientado sobre o valor da expressão dos sentimentos e da crítica construtiva.

Peggy Papp (1976), por outro lado, descreve a terapia breve de grupo para casais com o objetivo de estruturar mudanças através de tarefas. Geralmente, as tarefas utilizadas possuem uma injunção paradoxal ou prescrição do sintoma, como proposto por Watzlawick e seus colegas.

A cada ano, novas maneiras de abordar terapeuticamente o casal são introduzidas, mas todas elas possuem um ponto nodal, ou seja, o indivíduo é sempre parte ativa de uma espiral de interações na qual a sua conduta é ao mesmo tempo causa e conseqüência das condutas do outro.

A causalidade linear deu lugar à causalidade recíproca, a um esquema interacional para explicar o comportamento dos membros de um sistema, seja este uma nação, uma família ou um casamento. Esse conceito forma a base da terapia familiar e de casal, independente das variações técnicas existentes no campo.

BIBLIOGRAFIA

Bancroft, J. H. J. e Coles, L. (1976), "Three years experience in a sexual problems clinic", em *British Medical Journal*, i:1575-77.

Crowe, M. J. (1977), *Sexual disfunction today*, Updat, Londres.

Crowe, M. J. (1979), "The treatment of sexual disfunction", em *Family and marital Psychotherapy* (ed.), Walrond-Skinner, Routledge e Kegan Paul, Londres.

Duddle, C. M. (1975), "The treatment of marital psycho-sexual problems", em *British Journal of Psychiatry*, 127:169-70.

Framo, J. L. (1973), "Marriage therapy in a couples group", em *Techniques of Family Psychotherapy* (ed.), D. A. Bloch, Grune e Strathon, Nova York.

Kaplan, H. (1974), *The new sex therapy*, Brunner/Mazel, Nova York.

Masters, W. H. e Johnson, V. E. (1970), *Human Sexual Inadequacy*, Churchill, Londres.

Papp, P. (1976), "Brief therapy with couples groups", em *Family Therapy: theory and practice* (ed.), P. J. Guerin, Gardner Press, Nova York.

Satir, V. (1980), *Terapia do Grupo Familiar*, trad. brasileira, Ed. Francisco Alves, Rio de Janeiro.

Watzlawick, P.; Beavin, J. H. e Jackson, D. D. (1985), *Pragmática da Comunicação Humana*, trad. brasileira, Ed. Cultrix, São Paulo.

PARTE III

CONSIDERAÇÕES FINAIS

Para grupos, assim como para indivíduos, a vida significa separação e reunião, mudança de forma e condição, morte e renascimento. É o agir e o cessar, esperar e repousar, e então começar a agir novamente, mas de modo diferente.

Arnold van Gennep

CAPÍTULO 10

Aplicação de alguns conceitos sistêmicos e psicanalíticos em famílias de adolescentes apresentando distúrbios psicossomáticos*

A adolescência é o período evolutivo do ser humano compreendido em média entre as idades de 11 a 24 anos, segundo definição da OMS, no qual o indivíduo passa pela fase de transição da infância à vida adulta.

De acordo com Aberastury e Knobel (1984), o adolescente, em busca de uma identidade adulta, passa por um período turbulento onde comportamentos considerados anormais ou patológicos em outras fases são considerados normais nessa transição. É o que Knobel denominou de "Síndrome Normal da Adolescência".

Para Aberastury e Knobel, a identidade não é um fenômeno próprio apenas do adulto mas, a cada momento do desenvolvimento, o indivíduo tem uma identidade própria que é fruto das identificações que ocorreram até então. Seguindo as idéias de Anna Freud (1958), esses autores acreditam que a identidade adulta, no entanto, não é alcançada antes que o adolescente tenha elaborado ou aceito três perdas fundamentais: a perda do corpo infantil, perda dos pais da infância e perda da identidade e do papel infantil.

A elaboração ou aceitação dessas perdas englobam, entretanto, um processo fundamental, característico da adolescência: o de dessimbiotização.

Rivelis de Paz (1973) considera o conflito básico da adolescência como a elaboração e ruptura do vínculo de dependência simbiótica (crises de dessimbiotização); a reintegração da parte da personalidade ligada às exigências mais precoces, alienadas de si e fusionadas nos outros; e a elaboração da perda dos objetos em sua qualidade de depositários.

---

* Texto escrito em co-autoria com o Dr. Fábio Antonio Adamo, Professor Assistente do Departamento de Psicologia Médica e Psiquiatria da FCM/UNICAMP e apresentado no II Congresso Latino-Americano de Medicina Psicossomática, realizado na Cidade de Campinas-SP, em 1985.

Mahler (1975), discutindo o processo de separação e individuação, descreve, primeiramente, uma fase normal, pré-simbiótica ou autista, um período que se estende do nascimento até os 3 meses, que é gradualmente substituída pela fase simbiótica propriamente dita, na qual mãe e bebê formam uma unidade dentro de um limite comum — a membrana simbiótica, que finaliza ao redor dos 3 anos de idade. Por essa idade se produz a separação e individuação que deve ser acompanhada, em condições normais, por um processo semelhante de separação em seu parceiro simbiótico.

Guiado pelos trabalhos de Mahler, Bleger (1977) reconhece a existência clínica da simbiose, uma persistência, no adulto, de níveis psicológicos muito primitivos da personalidade, ou seja, de uma organização cuja característica fundamental é a carência de diferenciação entre o Eu e o não-Eu. Dessa organização primitiva sincrética, onde o Eu e os objetos estão fusionados, irá se diferenciando o sujeito através do interjogo introjeção-projeção, que levará à discriminação do interno e do externo, do corpo, do mundo e da mente, a partir do resgate das funções e aspectos da personalidade que estão fundidos no outro.

Bleger considera que em toda personalidade existe um remanescente das relações e vínculos não discriminados e não interiorizados (parte psicótica) que denomina "núcleo aglutinado", que está clivado do resto da personalidade (parte neurótica). Este núcleo aglutinado compreende as experiências vitais mais primitivas que existem como remanescentes das relações simbióticas iniciais. Da sua amplitude depende o déficit da personificação, sentido de realidade, sentimento de identidade e esquema corporal, confusão nos papéis masculinos e femininos e déficit na comunicação no plano simbiótico, com o incremento da mesma em um plano pré-verbal.

Seguindo os postulados de Bleger, Rivelis de Paz (1973) afirma que o conflito básico da crise da adolescência fundamenta-se na elaboração do vínculo de dependência simbiótica, na remoção de suas relações objetais. Os processos de desprendimento e diferenciação se desorganizam e desestruturam a precária identidade alcançada até esse momento. Os objetos ligados a ansiedades e defesas e as partes do Eu dissociadas, não introjetadas ou projetadas nos depositários, são reincorporados no curso do desenvolvimento crítico da adolescência.

Para essa autora, a distorção do esquema corporal, no adolescente, a vivência da metamorfose puberal é um elemento a mais do quadro de confusão pela profunda mudança interna ocasionada pela recuperação e elaboração da parte psicótica da personalidade, ruptura do vínculo simbiótico e perda do depositário. As alterações do esquema corporal se expressam com freqüência por condutas hipocondríacas, cujas características mais evidentes são a queixa, auto-observação e a relação com o corpo.

Rosenfeld (1965) descreve estados hipocondríacos como tipos de defesa contra um "estado confusional" de natureza esquizofrênica. A psicopatologia do estado confusional, segundo esse autor, compreende dificuldade para diferenciar entre o Eu e os objetos, entre objetos bons e maus, entre impulsos homo e heterossexuais e principalmente entre angústias depressivas e paranóides. O ego projeta defensivamente o estado confusional intolerável em si mesmo, sobre os objetos externos, ao qual segue uma imediata reintegração no corpo e nos órgãos.

Complementando os postulados de Rosenfeld, Bleger (1977) descreve hipocondria dentro da patologia do núcleo aglutinado. A hipocondria, incluindo aí as doenças psicossomáticas, seria uma forma de controle. Através da utilização do corpo como *buffer*, imobiliza-se o núcleo aglutinado que compreende objetos e partes do Eu não diferenciados nem discriminados, em um conglomerado de experiências frustrantes e gratificadoras que abarcam todas as etapas do desenvolvimento (oral, anal, genital) não estratificadas, nem vinculadas entre si, nas quais não há as diferenciações básicas dos objetos parciais e partes do Eu (próprias da posição esquizo-paranóide). Tratar-se-ia, portanto, de uma etapa prévia à mesma, denominada por Bleger de posição gliscocárica.

Baseando-nos nesses postulados, podemos dizer que a adolescência envolve profundas e únicas modificações no indivíduo. Profundas, porque é a única etapa evolutiva onde ocorrem naturalmente modificações a nível biológico e, a partir delas, a nível psicológico e social simultaneamente. Dessa forma, exigindo reformulações biopsicossociais concomitantes, o período da adolescência faz emergir um psicodinamismo com uma plasticidade somente comparável ao psiquismo fetal, descrito por Rascovsky (1981), revertendo a estrutura mental adolescente de forma similar ao início de vida pós-natal, onde grande parte da personalidade apresenta-se sincrética, isto é, primitiva, com a existência de núcleos condensados, designados por Bleger (1977a) como sendo compostos por vivências não totalmente discriminadas; configurando uma posição afetiva de aderência — posição gliscocárica.

Dessa maneira, como foi sugerido por Knobel (1979); é possível estabelecerem-se hipóteses de como, no período da adolescência, podem ressurgir fenômenos psicossomáticos naturais do desenvolvimento, como febrículas, sonolência ou dores em membros, e que se apresentam fugazes; e até a efetivação, no corpo, de doenças de origem psicogênica ou o surgimento de fenômenos hipocondríacos do tipo neurótico; ou ainda sintomas psicossomáticos surgidos de mecanismos maníacos, encarregados da manutenção de indiscriminação de partes da personalidade que permanecem, então, simbiotizadas.

Ademais, como salienta Rivelis de Paz (1973), as alternativas do vínculo simbiótico dependem de ambos os membros da parelha, o adolescente com sua dramática mudança, suas vicissitudes instintivas, sua metamorfose corporal, seu acesso a novas estruturas psicológicas e, por outro lado, os depositários, modificados pela nova situação e com suas próprias necessidades internas de reestruturar as relações objetais em um outro nível.

A adolescência é, então, uma fase de dessimbiotização para toda a família. Fase na qual a família, como um todo, experimenta o conflito de dependência e independência. Os processos de separação e indiferenciação, características da adolescência, a ruptura de vínculos simbióticos primitivos desorganizam e desestruturam o sistema familiar. Tomando como premissa as relações de íntima comunicação inconsciente nas relações familiares, iremos encontrar a reativação dos conflitos não resolvidos adolescentes, dos adultos do grupo — pais, avós, tios e outras pessoas adultas que possam fazer parte de uma família com um ou mais membros adolescentes. Em algumas famílias, encontramos ainda uma comunicação em níveis primitivos entre todos os membros, uma comunicação sincrética, dessa forma recrudescendo determinados níveis de funcionamento e desenvolvimento do psiquismo, sendo um desses níveis o da relação com o corpo num movimento biopsicológico, a partir dessa mudança nos adolescentes.

Mas, para que possamos entender mais claramente a relação entre família, adolescência e distúrbios psicossomáticos, é necessário considerar primeiramente a interação do casal, a partir da qual a dinâmica familiar se estabelece.

Henry Dicks (1969), utilizando-se dos conceitos postulados por Klein e Fairbairn e de seu trabalho clínico com casais, oferece uma visão dinâmica da interação marital. Segundo Dicks, embora conscientemente a escolha de parceiro para o casamento pode ser baseada nos aspectos "bons" e positivos de cada um deles, a nível inconsciente, a escolha pode se dar a partir da imaturidade emocional mútua. Tanto individualmente como em parceria, os cônjuges podem estar fixados em um mesmo estágio específico de desenvolvimento emocional. Cada indivíduo traz consigo ao casamento, além de suas bagagens culturais e sociais, um problema emocional específico; com a expectativa de que o outro irá de algum modo livrá-lo(la), de tal forma que as dificuldades desaparecerão.

Isso pode realmente acontecer em alguns casamentos, mas em outros a expectativa é desapontada e alguns casais procuram ajuda porque o casamento não solucionou seus problemas emocionais ou não os livrou dos mesmos.

Ackermann (1958) através do termo complementaridade, descreve padrões específicos de relacionamento do casal que fornece brechas para a resolução do conflito ou o estabelecimento de formas cruciais de defesa contra a ansiedade. Complementaridade positiva existe quando os cônjuges experimentam um preenchimento emocional positivo do relacionamento e dos indivíduos que estão interagindo. Complementaridade negativa, por outro lado, neutraliza os efeitos destrutivos do conflito e ansiedade, e defende o relacionamento dos cônjuges contra desorganização.

Richter (1979) introduz a teoria de papel nas relações familiares e oferece uma compreensão sistemática das formas psicossociais de defesa clarificadas de acordo com a natureza do papel desempenhado. Esse autor define papel como a totalidade organizada das expectativas conscientes e inconscientes que podem servir predominante ou inteiramente como processo de defesa. Para Richter, isto significa que a outorga ou aceitação prescrita desses papéis serve, em compensação, para libertar cada um dos parceiros da tensão do seu próprio conflito interior. Ao invés de reconhecer os conflitos pessoais e resolvê-los individualmente, o sujeito os traz para a relação de parceria e usa o parceiro do momento como objeto substituto de compensação, ou como a extensão narcisista de si mesmo.

Esses conceitos visam a compreensão dos conflitos de duas pessoas e, sob vários aspectos, se assemelham ao conceito de "dissociações" trocadas, proposto por Wynne (1968). Esse autor formula que cada pessoa mantém recalcados os sintomas que parecem ameaçadores para si mesma, localizando-os na outra, mediante o auxílio de um processo inconsciente de dissociação. Bowen (1978) e Framo (1970) descrevem esse fenômeno sob o termo "processo de projeção na família" e "delegação irracional de papel", respectivamente.

Podemos dizer que o casamento é parte do ciclo de integração e discriminação do Eu, a realização concreta do processo de dessimbictização iniciada durante a infância e que atinge o seu ponto crítico durante a adolescência. O casamento pode ser um momento de quebra concreta da dissolução do vínculo simbiótico primitivo, esse importante "núcleo psíquico" clivado do resto da personalidade, e em parte discriminado; uma nova oportunidade para recuperarem-se as partes não reconhecidas do Eu, para um enriquecimento da noção e resgate dos sentimentos, percepções de funções que estão indiscriminadas ou alienadas da própria pessoa.

Em outras palavras, as partes renegadas do Eu podem ser trazidas ao casamento para reintrojeção das mesmas; embora, por outro lado, a maneira pela qual o indivíduo utiliza seu relacionamento marital pode ser baseado no interesse de evitar uma reintrojeção dessas partes indiscriminadas, ameaçadoras do Eu.

O conceito de identificação projetiva proposto por Klein propicia maior entendimento dessa afirmação.

Klein (1946) relaciona a identificação-projetiva aos processos de desenvolvimento emocional do indivíduo, tendo sua origem nos três ou quatro primeiros meses de vida, e a define como um mecanismo de defesa contra a ansiedade através de uma cisão (*splitting*) das partes ruins e destrutivas do Eu, o que influencia fundamentalmente a relação com os objetos.

Neo-kleinianos ampliam esse conceito e descrevem outras finalidades desse processo. Como mencionamos anteriormente (Capítulo 6), Thomas Ogden (1982) descreve quatro maneiras de se entender o conceito de identificação-projetiva: como uma defesa, como um modo de comunicação, como uma forma primitiva de relações objetais e como um caminho que leva a mudanças psicológicas.

Um indivíduo pode, por exemplo, sentir-se semelhante a outro como resultado da atribuição de seus próprios sentimentos e pensamentos ao outro. Nesse caso, o que motivou essa atribuição pode ser a comunicação. Sentimentos e pensamentos podem ser transferidos a outra pessoa com a finalidade de fazer-se entender, de "fazer parte" do outro. Mas, esse processo pode funcionar como modo de expelir ou renegar sentimentos e pensamentos "ruins", conseguindo que outra pessoa pense, sinta e se responsabilize por eles; e como mecanismo de defesa, talvez com a finalidade de evitar um conflito intrapsíquico excessivo.

Identificação-projetiva pode ainda ser um modo pelo qual sentimentos conflitantes são processados psicologicamente pelo outro e tornados disponíveis para reinternalização de uma maneira alterada. Em qualquer um desses casos, é importante estabelecer qual é a utilização do mecanismo de identificação-projetiva mas, ao mesmo tempo, reconhecer que pode existir mais do que um motivo — que identificação-projetiva pode estar servindo a múltiplas funções.

Um casamento baseado em identificação-projetiva, principalmente como defesa, terá que incorporar os filhos nesse sistema conivente de interação, para que suas defesas sejam mantidas. Em alguns casamentos, parece existir um conluio por parte dos cônjuges para manter o casamento "fora de perigo" e para manter os aspectos indiferenciados indiscriminados projetados externamente ao Eu e ao casamento. Para que isso ocorra, uma terceira pessoa ou objeto pode tornar-se o receptáculo das partes não integradas e não resolvidas de cada um dos cônjuges, evitando dessa maneira que invadam as partes mais sadias da personalidade e do casamento. O receptáculo dessas projeções pode possuir uma forma abstrata como o emprego do marido ou da esposa ou condições sociais desfavoráveis, mas freqüentemente o receptáculo das projeções dos cônjuges é uma terceira pessoa, como por exemplo a sogra, que pode ser odiada e temida ou um filho que pode causar intensa preocupação aos pais.

Em terapia familiar, o reconhecimento do papel e função da identificação-projetiva é crucial. Um tipo de família pode, por exemplo, utilizar esse mecanismo como uma maneira de negar e repudiar os aspectos indesejáveis do Eu. Como pode ocorrer no caso de pais que freqüentemente desaprovam conscientemente o comportamento delinqüente de um filho adolescente, mas ao mesmo tempo induzem-no inconscientemente ao comportamento delinqüente para, através do comportamento dele, obter uma gratificação de seus próprios traços delinqüentes, não resolvidos.

Podemos observar também o mecanismo de identificação-projetiva operando em situações diferentes. Por exemplo, a família na qual um filho é atraente, inteligente, popular, carinhoso e o outro difícil, socialmente isolado, mal-humorado e ocasionalmente agressivo. Com o tempo, essa cisão pode tornar-se mais intensa — todas as "boas" qualidades são investidas, através de idealização, em um filho e todas as "ruins", através de denigração, investidas em outro filho, para prejuízo, embora diferente, de ambos os filhos. Como se os filhos fossem requisitados a se conformar coniventemente com as imagens idealizadas e repudiadas da família, para que não haja uma danificação básica dos aspectos bons internalizados a partir das relações objetais na infância, os quais são reforçados através de identificação-projetiva com o filho "idealizado"; enquanto os aspectos repudiados do Eu continuam sendo negados e divididos através de identificação-projetiva com o filho "ruim".

Por sua vez, existe uma série de motivações para que os filhos se conformem convenientemente com a projeção dos pais, estabelecendo uma relação dinâmica entre "projetando" e "depositário".

Zinner e Shapiro (1972) sugerem que entre essas motivações está a oportunidade para gratificação dos impulsos (como por exemplo, no caso de delinqüência), uma complacência por parte dos pais com as necessidades defensivas dos filhos e um reforço seletivo dos atributos dos filhos que se conformam com as projeções dos pais (i. e., seleção dos atributos "bons" para o filho idealizado, e dos "ruins" para o filho "mau"). A motivação mais relevante, segundo esses autores, é o medo dos filhos de perderem os objetos (pais), caso não atuem em favor da organização defensiva dos pais.

Parece possível que os casos citados acima forneçam exemplos de famílias que se organizam a partir de um nível esquizo-paranóide

151

primitivo. Entretanto, se levarmos em consideração a fase gliscocárica postulada por Bleger (1977), anterior à esquizo-paranóide, caracterizada pelo núcleo aglutinado, composta pelas descrições mais primitivas, nas quais ainda não se estabeleceu a discriminação entre Eu e não-Eu, a dinâmica familiar pode se estabelecer sob um prisma diferente dos mencionados acima.

Nesse caso, a escolha de parceiro pode ser baseada a nível inconsciente, na expectativa de que as partes indiscriminadas, indiferenciadas e não resolvidas do Eu possam, gradualmente, ser reintrojetadas na personalidade, ou então evitadas através de um relacionamento simbiótico entre os cônjuges: produzindo um "falso Eu conjunto", com o interesse de imobilizar um núcleo aglutinado extenso. O relacionamento simbiótico, característico do início da relação matrimonial, favorece tanto um reestabelecimento de simbiose original e possível modificação da mesma, como também uma perpetuação da simbiose primitiva, uma defesa, um controle do núcleo aglutinado. Nesse caso, as partes indiscriminadas do Eu não são acionadas num primeiro plano, são clivadas, enquanto as partes mais integradas do Eu se utilizam de identificação-projetiva maciça para imobilizar o núcleo aglutinado.

O casal, isto é, os pais, transmitem de muitos modos a seus filhos a maneira de ser que possuem em comum (idênticos mecanismos de defesa). Por sua vez, a ansiedade e os comportamentos dos filhos reativam nos pais as próprias vivências que tiveram no momento evolutivo no qual os filhos ora se encontram. A passagem dos filhos da infância à puberdade, da adolescência à vida adulta é um momento crítico para toda a família. Se os pais estão elaborando (ou evitando elaborar) individualmente e no casamento há dificuldades características de uma fase do desenvolvimento emocional, é bastante provável que, quando seus filhos alcancem esse mesmo nível de desenvolvimento, as dificuldades, tanto dos filhos como dos pais, sejam exacerbadas. Parece pouco provável, como sugere Soifer (1982), que os pais possam negociar e ajudar seus filhos nas dificuldades características de um estágio de desenvolvimento, quando eles próprios até então não manejaram essas dificuldades individualmente e no casamento.

A adolescência introduz uma variação, uma "brecha" no sistema familiar, e essa variação põe em crise o não-ego familiar-coletivo; desmente a fusão "problemática", a indiscriminação, a parte psicótica do ego familiar-coletivo. Introduz uma realidade que, dependendo da amplitude do núcleo aglutinado de cada um dos cônjuges, em parceria e em grupo, pode ser percebida como catastrófica para toda a família, que passa então a utilizar mecanismos de defesa primitivos tais como cisão e identificação-projetiva maciça para evitar uma invasão da parte psicótica do ego familiar-coletivo em sua parte mais sadia, mais integrada, e a aniquilação e destruição do sistema familiar.

Para Bleger (1977), como mencionamos anteriormente, os distúrbios psicossomáticos seriam uma forma de controle. Através da utilização do corpo como um *buffer*, imobiliza-se o núcleo aglutinado que compreende objetos e partes do Eu não diferenciados e não discriminados. O autor utiliza a palavra *buffer* para essa função porque, em sua acepção original, ela se refere às soluções que se opõem ou compensam toda mudança de acidez ou alcalinidade do meio — o corpo *buffer* seria, então, um mecanismo homeostático.

É importante ressaltar, neste momento, o conceito de homeostase familiar proposto, primeiramente, por Bateson (1972). Para esse autor, a família pode ser análoga a um sistema homeostático. Bateson enfatiza a qualidade do comportamento problemático ou sintomático como mantenedor do equilíbrio da família, como se esse comportamento fosse literalmente análogo a elementos homeostáticos.

Ao aplicarmos os conceitos de Bleger à dinâmica familiar de adolescentes apresentando distúrbios psicossomáticos, parece possível que essas famílias estabeleçam uma estrutura simbiótica grupal a partir de um núcleo aglutinado extenso, a nível individual, a nível de ego familiar-coletivo, para manutenção e controle do mesmo.

A adolescência de um ou mais dos membros da família ameaça a ruptura dos vínculos simbióticos estabelecidos até então, o que leva à mobilização do núcleo aglutinado extenso, provocando ou ameaçando provocar a aniquilação total e imediata do sistema familiar. Frente a essa ansiedade de caráter catastrófico, há dissociação da parte indiscriminada, psicótica do ego familiar-coletivo e projeção maciça da mesma no adolescente, para que a família como um todo possa ver-se "livre" dela.

No seu estudo sobre famílias psicossomáticas, Minuchin (1978) relata que, mesmo quando em terapia, essas famílias se apresentam como se não tivessem problema algum, exceto o distúrbio psicossomático do adolescente. Elas se apresentam como famílias prestativas, preocupadas e interessadas em ajudar o paciente.

Parece possível que o distúrbio psicossomático apresentado pelo adolescente sirva de *buffer* não só para seu próprio núcleo aglutinado (organizado a partir da estrutura de sua personalidade e da natureza do vínculo simbiótico da família), mas também para o controle da parte indiscriminada, psicótica do ego familiar-coletivo.

Essa indiscriminação, segundo Bleger, opera fundamentalmente na área do corpo e do mundo externo; a área mental fica fortemente dissociada ou cindida das outras duas.

Minuchin (1978) relatou que em geral famílias psicossomáticas enfatizam as funções corporais. Outros membros da família apresentam reclamações somáticas. Em nossa experiência clínica, pudemos constatar que famílias, cujos filhos adolescentes são anoréxicos, freqüentemente apresentam, como um todo, preocupações profundas com assuntos tais como alimentação, dietas, calorias, maneira de comer.

Esse autor descreve também, a partir de seu estudo e intervenção terapêutica com famílias cujas crianças ou adolescentes apresentavam distúrbios psicossomáticos (diabetes com inúmeras hospitalizações por acidose, anorexia nervosa e asma), um tipo de organização familiar que desenvolve e mantém distúrbios psicossomáticos na criança e no adolescente. Segundo Minuchin, a família psicossomática é caracterizada por quatro padrões de interação: aglutinação, rigidez, superproteção e ausência de resolução de conflitos.

Famílias aglutinadas são aquelas cujos membros estão extremamente envolvidos uns com os outros. Nesse tipo de família, mudanças em um dos membros ou no relacionamento entre dois deles repercutem em todo o sistema. Os diálogos tornam-se rapidamente difusos, pela interrupção de um ou mais membros. A um nível individual, a diferenciação interpessoal num sistema aglutinado é extremamente pobre. O indivíduo perde-se no sistema. Os membros da família intrometem-se nos sentimentos e pensamentos do outro. Existe excessiva união e partilha, o que leva à ausência de privacidade. Os membros de uma família aglutinada desenvolvem identidade grupal e possuem, portanto, uma percepção indiferenciada do outro e de si mesmos.

Aglutinação entre mãe e filha vai exemplificada abaixo.

Desde a idade de 14 anos, a paciente apresenta queda de cabelo e, após consulta com dermatologista e vários exames, o especialista enviou-a para tratamento psiquiátrico, pois diagnosticou seu problema como sendo emocional.

Durante entrevistas individuais, a paciente refere ser muito tímida e ter medo de aproximar-se das pessoas, o que vem se intensificando desde a morte do pai, oito meses antes da primeira entrevista.

As entrevistas individuais são permeadas de longos silêncios. A linguagem verbal utilizada pela paciente é marcada por erros gramaticais freqüentes, os pronomes e tempos verbais são empregados de maneira incorreta, o que dificulta a comunicação com o terapeuta.

Em entrevista conjunta com a mãe, entretanto, o terapeuta fica surpreso com a maneira descontraída pela qual a paciente verbaliza seus pensamentos e sentimentos através de linguagem correta e fluente.

A mãe relata que a paciente sempre foi muito nervosa, muito quieta, o tipo de criança que estava sempre grudada nas pernas da mãe (sic). Parecia ter medo das pessoas e, enquanto os demais filhos estavam trabalhando com a idade de 10 anos, a paciente preferia ficar em casa, fazendo trabalhos domésticos.

Mãe e filha relatam ser bastante parecidas, embora em alguns aspectos sejam diferentes. À solicitação do terapeuta para que expandissem esse comentário, mãe e filha ficam confusas, não conseguindo verbalizar com clareza suas semelhanças e divergências.

A mãe da paciente refere também que sempre viveu para os filhos. Não se dava bem com o marido, e todo o seu amor foi transferido para os filhos. O terapeuta comenta que o crescimento dos filhos pode estar sendo difícil para ela. A mãe fica em silêncio, por alguns minutos, e relata que tem pensado muito sobre isso. Refere que não quer ficar sozinha, não gosta da solidão. Nesse instante a filha interrompe a mãe dizendo que isso nunca acontecerá, ela estará sempre ao seu lado. A mãe sorri para a filha e começa a falar sobre as freqüentes brigas que tinha com o marido, por causa dos filhos. Aparentemente, a mãe discordava da maneira agressiva como o pai interagia com os filhos.

Parece que temos aqui um exemplo de simbiose, como foi definida por Bleger. Estreita dependência entre duas ou mais pessoas que se complementam para manter controladas, imobilizadas e, em certa medida, satisfeitas as necessidades das partes mais imaturas da personalidade — o núcleo aglutinado.

A adolescência da paciente parece ameaçar com uma ruptura o vínculo simbiótico, provocando a subseqüente mobilização do núcleo aglutinado característico de sua personalidade e do ego familiar-coletivo.

Durante as entrevistas individuais, a parte indiscriminada da personalidade da paciente manifesta-se através da linguagem incorreta e confusa. Contratransferencialmente, o terapeuta sentia-se confuso e com dificuldades em elaborar impressões e reações discriminadas sobre a paciente.

O mesmo não ocorre, entretanto, durante entrevista conjunta. Na presença de sua parelha simbiótica, a paciente apresenta-se descontraída e relata seus pensamentos e sentimentos com linguagem correta e fluente.

Entretanto, a tentativa do terapeuta de maior discriminação entre mãe e filha parece ameaçar o vínculo simbiótico estabelecido entre elas. Mãe e filha tornam-se confusas até que o vínculo simbiótico é novamente reatado através da afirmação da paciente, para sua mãe, "eu estarei sempre ao seu lado". Por sua vez, a mãe reforça a afirmação da filha, relatando as brigas e discórdias que teve com o marido por causa dos filhos. Dessa maneira, a simbiose é mantida, como maneira de controlar as partes indiscriminadas e ameaçadoras de suas personalidades.

Podemos inferir, entretanto, que o vínculo simbiótico entre mãe e filha simboliza uma organização aglutinada característica do sistema familiar. Para Bleger, toda simbiose é sempre grupal e, portanto, envolve dois ou mais indivíduos em inter-relação; o grupo simbiótico que, como totalidade, tem as características do núcleo aglutinado move-se em bloco, de modo maciço e rígido, a unidade é a totalidade, não havendo diferenciação ou discriminação entre seus integrantes; os papéis fixos e rígidos são repartidos (e não compartidos), sendo assumidos pelos integrantes do grupo de modo complementar e solitário.

A família X, com a qual tivemos contato através de supervisão, constituída pelo pai (46 anos), mãe (45 anos), um filho (14 anos), uma filha (11 anos), uma filha (8 anos) e avó paterna, que mora com a família desde que a filha mais nova tinha 2 anos de idade, parece nos oferecer um exemplo de simbiose grupal, como proposto por Bleger. A família é indicada para terapia por causa da filha de 11 anos, que apresenta anorexia nervosa e vem se recusando a entrar no consultório para terapia individual.

À primeira entrevista comparecem somente marido e mulher, que predominantemente concordam um com o outro. A Sr.ª X é a que mais fala, enquanto seu marido balança a cabeça em afirmação, dizendo a meia voz "é exatamente assim como ela está dizendo". O casal relata estar bastante envolvido no trabalho, achando difícil fazer dicotomia entre trabalho e casa, principalmente a Sr.ª X, que refere ser trabalho e casa tudo uma coisa só.

Ao descreverem os filhos, essa indiscriminação é ainda mais acentuada: o casal fica confuso e não consegue relatar a idade de cada um deles e a série que estão cursando na escola. Durante entrevistas posteriores, quando comparece a família toda, inclusive a avó, predomina também a indiferenciação dos filhos. A mãe refere que os três filhos comem muito pouco, os *três* brigam muito uns com os outros e os *três* freqüentemente perdem o horário da escola. O pai, por outro lado, não se dirige aos filhos pelo nome e quando o faz, diz o nome de um deles, enquanto olha para o outro.

Em circunstâncias que exigem maior discriminação entre os filhos, os pais ficam confusos misturando fatos e acontecimentos ocorridos entre eles. Por exemplo, em uma das entrevistas, a mãe relata que a filha de 11 anos se alimentava, aos domingos, somente de determinado tipo de carne, que tinha que ser comprada pronta em uma lanchonete específica. Mais recentemente, entretanto, o alimento não vinha bem cozido e resolveram prepará-lo em casa. No final da entrevista, a filha mais nova comenta o fato de que a predileção pelo determinado tipo de carne era de sua irmã, mas o fato de que tinha que ser comprado numa lanchonete específica era preferência sua. Face a esse relato, a mãe tem um sobressalto e olha confusa para o terapeuta. Além disso, à pergunta do terapeuta sobre quem é que prepara o almoço aos domingos, todos ficam em silêncio e não conseguem responder. Assuntos sobre alimentação, como foi reconhecido por Minuchin (1978) através de estudos com famílias de anoréxicos, possuem também uma entonação especial na família X. Os três filhos, segundo os pais, possuem dificuldades para se alimentar, ou seja, não comem quase nada, possuem preferências específicas por determinado tipo de alimento, e tendem a comer somente o tipo restrito de sua predileção. Os pais, entretanto, não conseguem indicar quais são os alimentos de que os filhos gostam e não gostam e quais as diferenças de preferências entre eles. Como se os filhos formassem um todo, um bloco maciço, sem detalhes e diferenciações.

Em uma das entrevistas, o terapeuta pergunta o que haviam feito no sábado anterior. Relatam que, como nos demais, foram à cidade. Entretanto, à pergunta do terapeuta: "quem foi?" não conseguiram se lembrar se o filho mais velho tinha ido também.

Essa indiferenciação, entretanto, parece manter-se às custas de não compartilhação e da rigidez de papéis.

Os pais retornam para casa ao anoitecer, e freqüentemente saem novamente. Aos domingos, o Sr. X fica a maior parte do tempo estudando na biblioteca, enquanto a mãe dorme, pois sente-se muito cansada após uma semana de muito trabalho. Aparentemente é a avó quem cuida da casa e dos netos. Ela vive, entretanto, em um apartamento isolado do resto da casa e interage com os netos predominantemente na hora de servir o almoço e quando percebe que estão brigando.

Não existe troca de papéis e compartilhação nessa família. Os filhos são compartimentalizados em um mesmo nível, sem discriminação e diferenciação, enquanto pai, mãe e avó são figuras de fundo, que assumem fixa e rigidamente seus papéis de maneira solitária, sem diálogo e permutações.

Cada pergunta do terapeuta dirigida ao Sr. e à Sr.[a] X, separadamente, parece provocar um choque, principalmente no Sr. X, que fica embaraçado e começa a gaguejar, o que mobiliza toda a família, como se todos tivessem sido ameaçados pela diferenciação proporcionada pelo terapeuta. Em uma dessas ocasiões, o filho mais velho pede para sair da sala de terapia e tomar água, enquanto a filha de 11 anos segura-se firmemente nos braços da mãe. Em outra ocasião, quando o terapeuta encoraja um diálogo por parte dos pais, o que provoca intensa ansiedade e confusão no Sr. e na Sr.ª X, a filha mais nova apresenta sangramento nasal, desviando assim a atenção dos pais para si mesma.

As reações de confusão do Sr. e da Sr.ª X, à medida que são discriminados no grupo familiar, parecem representar o medo de todos os membros de serem descobertos no sistema, como se sozinhos, diferenciados, não estivessem existindo na família. Cada um deles parece sentir-se ameaçado em face da discriminação fornecida pelo terapeuta. Falam baixo, resmungam, murmuram, parecendo não desejar ou não conseguir dizer claramente o que estão pensando ou sentindo. Contratransferencialmente, o terapeuta sente-se confuso, com dificuldades em discriminar cada um dos membros dentro do sistema familiar, e quase paralisado face a essa indiscriminação.

Parece claro que, para a família X, diferenciação e discriminação de seus membros traz à superfície um conflito intenso, que é evitado, não resolvido. Como mencionamos anteriormente, essa característica de interação foi encontrada por Minuchin em seu estudo de famílias psicossomáticas.

O evitar um conflito em uma família pode se dar através do envolvimento de um terceiro membro no conflito, entre uma díade, como descrevemos acima; através da negação de existência de qualquer problema, como se não existisse necessidade alguma para discordância e investindo exageradamente em harmonia e consenso (como ocorre, por exemplo, na família X, entre pai, mãe e avó); e/ou através de uma discordância aberta com interrupções constantes e mudanças frequentes dos temas em discussão, ofuscando qualquer conflito antes mesmo que seja trazido à superfície. Essa última modalidade de evitar conflito é o que acontece na família X, entre os filhos, que relatam brigar constantemente. Durante as sessões, as brigas são interrompidas pelos olhares proibitivos da mãe e, em casa, a avó os separa sem lhes dar oportunidade de negociar e elaborar suas divergências.

Minuchin descreve também a característica de rigidez encontrada em famílias psicossomáticas. Esse autor relata que, quando uma criança em uma família funcional chega à adolescência, a família pode alterar suas regras e padrões de interação de tal maneira que permitirá aumento da autonomia do adolescente, ao mesmo tempo em que existe continuidade e preservação da família como um todo. A família cujo adolescente apresenta distúrbios psicossomáticos, entretanto, insiste em reter os métodos usuais de interação. Além disso, existe uma superproteção por parte dos pais, retardando o desenvolvimento de autonomia, competência e interesse em atividades extrafamiliares.

Nossa experiência mostra, no entanto, que em muitos casos a interação de famílias psicossomáticas não se caracteriza por superproteção, ocorrendo de fato o extremo oposto, ou seja, desinteresse exagerado uns pelos outros, como se cada um deles estivesse voltado somente para seus próprios problemas, como é o caso da família X. Essa característica de interação, entretanto, surge a partir de comunicações aparentemente contraditórias. Por um lado, os membros da família se mantêm distantes, como se estivessem abandonados; um modo, talvez, de controlar e impedir que exista penetração em suas vidas interiores por parte dos outros membros. Ao mesmo tempo, contudo, estabelece-se outro tipo de vínculo, cuja característica é a redução dos membros da família ao papel de depositário, sobre o qual se faz intensa projeção, visando um vínculo simbiótico que também é necessário ou imprescindível. É como se existisse, nessas famílias, uma contínua adscrição de papéis, permanente busca de uma relação de dependência simbiótica que implica, ao mesmo tempo, na manutenção e no controle de uma barreira que não deve ser ultrapassada.

Ao mesmo tempo em que a Sr.ª X apresenta-se de forma exageradamente despreocupada em relação às dificuldades apresentadas pela filha anoréxica, elas, durante as entrevistas, sentam-se de braços entrelaçados, demonstrando uma forte união entre ambas. Além disso, a Sr.ª X responde às perguntas dirigidas à filha, fala por ela, como se fossem *uma*, mantendo dessa forma a indiscriminação entre mãe e filha. Esse vínculo simbiótico, entretanto, parece ser negado, graças à falta de interesse pelas dificuldades apresentadas pela filha.

Estamos, portanto, falando sobre a natureza da interação de famílias, cujo(s) adolescente(s) apresenta(m) distúrbios psicossomáticos. Uma família cujos membros não são percebidos como possuidores de comportamentos, sentimentos e pensamentos diferentes. Uma família cujos membros possuem dificuldades em relação à individuação. Essa característica, no entanto, pode ser manifestada tanto através de superproteção, como através de abandono ou desinteresse exagerado uns pelos outros; de fato, uma negação onipotente da dependência, dos vínculos simbióticos que garantem a continuidade e preservação do sistema familiar.

Minuchin descreve as características de famílias psicossomáticas sob uma perspectiva sistêmica — sob padrões conscientes disfuncionais estruturais e de comunicação do sistema familiar. Sob um prisma psicanalítico, principalmente sob o prisma da teoria de simbiose proposta por Bleger, podemos de certa forma complementar os achados de Minuchin. As características de famílias psicossomáticas descritas por Minuchin, acredito, fazem parte de um todo, um todo que inclui também a estrutura inconsciente da família. Por detrás dos distúrbios estruturais e de comunicação estão as motivações, o desejo. É o desejo inconsciente que produz, alimenta e mantém as características disfuncionais das famílias psicossomáticas. Dessa maneira, rigidez, superproteção ou abandono e ausência de resolução de conflito podem ser vistas como sintomas mantenedores de vínculos simbióticos; um controle, uma imobilização utilizada por todos os membros de um núcleo aglutinado extenso, a parte indiscriminada, psicótica do ego familiar-coletivo.

Para o adolescente, cujo desenvolvimento se deu a partir de uma estrutura inconsciente familiar caracterizada por indiscriminação, um ambiente com déficit de personificação e sentido de realidade, e dissociação entre mental e corporal resta, utilizando a linguagem de Bleger, um controle do grupo familiar, constituído por seus próprios órgãos. Não queremos dizer que o adolescente não esteja doente ou apresentando distúrbios próprios da estrutura de sua personalidade. À parte qualquer fator psicológico, genético ou fisiológico da doença, é relevante questionarmos até que ponto seria possível para a família ajudar o adolescente no processo de dessimbiotização e subseqüente reintrojeção das partes indiscriminadas de sua personalidade, se a família como um todo apresenta distúrbios nessa mesma área de desenvolvimento; se o distúrbio psicossomático do adolescente simboliza a dinâmica inconsciente da família e vice-versa.

Quando falamos sobre distúrbios psicossomáticos na adolescência, falamos também sobre recursos da família, os quais não possibilitam o processo de dessimbiotização. A ameaça de ruptura dos vínculos simbióticos da família, provocada pela adolescência de um ou mais de seus membros, enrijece ainda mais a estrutura familiar. Face ao enrijecimento, aparece a "doença", o recurso encontrado pela família para controle de um núcleo aglutinado extenso, característico do ego familiar-coletivo, para manutenção do equilíbrio adquirido até então, e preservação do sistema familiar.

Paradoxalmente, entretanto, a "doença" do adolescente, pode ser fonte de mudança em toda a família, mas para que isso ocorra precisamos ficar atentos aos sinais de distúrbios do grupo familiar, emitidos muitas vezes através do seu membro sintomático.

BIBLIOGRAFIA

Aberastury, A. & Knobel, M. (1984), *A Adolescência Normal*, Editora Artes Médicas, Porto Alegre.

Ackermann, W. N. (1958), *The psychodynamics of family like*, Basic Books, Nova York, 1978.

Bateson, G. (1972), *Steps to an ecology of mind*, Ballantine Books, Nova York.

Bleger, J. (1977a), *Simbiose e Ambigüidade*, Ed. Francisco Alves, Rio de Janeiro.

Bleger, J. (1977b), "La identidad en el adolescente", em *La identidad en el adolescente*, ed. Bleger, J. e outros, Ed. Paidós, Buenos Aires.

Bowen, M. (1978), *Family therapy in clinical practice*, Janson Aronson, Nova York.

Dell, P. (1982), "Beyond homeostasis: toward a concept of coherence", em *Fam. Process*, 21:21-41.

Dicks, H. V. (1969), *Marital tensions*, Routledge & Kegan Paul, Londres.

Framo, J. L. (1970), "Symptons from a family transacional viewpoint", em *Family therapy in transition*, ed. N. Ackermann e outros, Little Brown, Boston.

Freud, A. (1958), "Adolescencia como el protótipo del distúrbio dei desenvolvimento", em *El desarrollo del adolescente*, ed. A. Freud e outros, Ed. Paidós, Buenos Aires, 1977.

Hoffmann, L. (1981), *Foundations of family therapy: a conceptual framework for systems change*, Basic Books, Nova York.

Klein, M. (1950), *Contributions to psychoanalysis*, Hogarth Press e Institute of Psychoanalysis, Londres.

Knobel, M. (1979), "Perturbaciones psicosomáticas en la adolescencia", em *Psychothoer. Psychosom.*, 31:128-132.

Mahler, M. S. e outros (1975), *The psychossocial birth of human infant: symbiosis and individuation*, Basic Books, Nova York.

Minuchin, S. e outros (1978), *Psychossomatic families: anorexia nervosa in context*, Cambridge, Mass. Harward University Press.

Ogden, T. H. (1982), *Projective-identification and psychotherapeutic technique*, Basic Books, Nova York.

Rascovsky, A. e Liebermann, D. (1981), *Psychoanalisis de la manía y psicopatía*, Ed. Paidós, Buenos Aires.

Ritcher, H. E. (1979), *A Família como Paciente*, Ed. Martins Fontes, São Paulo.

Rosenfeld, H. (1965), *Psychotic States: A Psychoanalytical Approach*, Hogarth Press, Londres.

Rivelis de Paz, L. (1973), "La crisis de desimbiotisación", em *Adolescencia*, ed. A. Aberastury e outros, Ed. Kargieman, Buenos Aires.

Soifer, R. (1982), *Psicodinamismos da Família com Crianças*, Ed. Vozes, Petrópolis.

Wynne, L. C. (1968), "Pseudo-mutuality in the family relations of schizophrenics", em *The psychosocial interior of the family*, ed. G. Handel, Allen & Unwin, Londres.

Zinner, J. e Shapiro, R. (1972), "Projective-identification as a mode of perception and behavior in families of adolescents", em *International Journal of Psychoan.*, 53:523-30.

CAPÍTULO 11

Ortodoxia na prática da terapia de família e casal

Seria simplista, e até mesmo falso, dizer que a ciência necessariamente avança com base em sucessivas elaborações de hipóteses e a partir da construção de testes empíricos. Entre físicos e químicos, podem existir alguns que realmente procederam de modo ortodoxo, mas entre os cientistas sociais não existe, talvez, nenhum.

Gregory Bateson

Na tentativa de compreender a família e o casamento e a maneira de intervir terapeuticamente nesse grupo, o terapeuta principiante pode constantemente se deparar com o seguinte dilema: "Qual a abordagem mais eficaz? Quais as virtudes e limitações de cada uma delas? Existe conexão entre as diferentes abordagens e diferentes dificuldades apresentadas pela família?"

Não são perguntas fáceis de se responder, são perguntas que exigem, acima de tudo, pesquisas sistematizadas e muito estudo. Este capítulo não tem a pretensão de respondê-las em profundidade, mas sim a de expor um ponto de vista em relação à aplicação das diversas abordagens descritas neste livro.

Para que nosso mundo faça sentido, necessitamos estruturá-lo e organizá-lo com base em alguns conceitos teóricos e em nossa própria experiência. Para que possamos lidar terapeuticamente com o sistema familiar, necessitamos conhecer certos fundamentos teóricos e práticos, os quais se ampliam e se modificam à medida que nos tornamos mais experientes.

No entanto, se estruturarmos e organizarmos nosso trabalho em um corpo teórico e prático restrito, correremos o risco de vivenciar o processo terapêutico de modo também restrito, e talvez não consigamos levar em consideração a complexidade da natureza das relações humanas.

Por outro lado, se estruturarmos novos conhecimentos muito amplamente, sem muitas conexões entre as várias teorias e técnicas, provavelmente nos perderemos, nos diluiremos no processo de tentar entender a família e, possivelmente, não conseguiremos adquirir postura terapêutica diante da disfunção, conflitos e sofrimentos apresentados pela família ou casal.

Acredito que o processo terapêutico em pauta pode ser representado por uma linha contínua entre as duas escolas principais: a psicanalítica e a sistêmica. Quando trabalhamos pendendo totalmente para o extremo sistêmico, ou seja, para os padrões estruturais e comunicacionais apresentados pela família ou casal, tanto o terapeuta como a família podem ficar "desinformados" sobre os conflitos, desejos e fantasias inconscientes existentes em seus relacionamentos, podendo, dessa maneira, não encorajar suficientemente o desenvolvimento da empatia, a meu ver, fator essencial para crescimento no interior da família ou casamento.

Por outro lado, um contrapeso desproporcional no outro extremo, ou seja, em direção à teoria psicanalítica pode levar a uma hiperapreciação dos processos de reflexão e entendimento, desencorajando os processos de tomada de decisão e ação, que também estimulam o desenvolvimento social e pessoal.

Ackermann (1966) destaca duas formas distintas de ação: o *acting-out* e o *acting-in*. Ele considera o *acting-out* como o agir inapropriado, irracional, uma ação perigosa. O *acting-in*, por outro lado, é tido como uma forma apropriada, racional de agir, que fornece possíveis soluções aos conflitos e novos aprendizados. Ackermann (1966), contudo, não exclui a existência de forças emocionais incorporadas nas fantasias, conflitos e necessidades inconscientes do grupo familiar e a importância de se lidar interpretativamente com as mesmas.

Em concordância com essa formulação, acredito que existe uma ligação direta entre o mundo interno, inconsciente da família e suas experiências externas, ou seja, sua estrutura e padrões de comunicação.

Acredito que são as fantasias, conflitos e necessidades inconscientes do grupo familiar que produzem, alimentam e mantêm sua estrutura, suas formas de interação e comunicação. Por detrás de um padrão de comunicação rigidamente complementar ou simétrico, por detrás das alianças, coalisões e aglutinação ou desengajamento do sistema, estão as fantasias do grupo, dando força e forma à sua estrutura.

Portanto, não estamos frente a um processo de polarização entre importante *versus* trivial, relevante *versus* irrelevante, profundo *versus* superficial. Mas sim, frente a processos que se complementam, se enriquecem e nos fornecem noção de todo e integridade.

As diferentes abordagens descritas neste livro não são, a meu ver, excludentes. Elas formam um corpo teórico-prático que nos fornecem a coerência necessária. Nenhum dos modelos terapêuticos apresentados fornece uma realidade independente e auto-suficiente. Os conceitos oferecidos por cada um nos traz uma parcela de verdade

Nossos conhecimentos como terapeutas, muitas vezes, não seguem uma linha de pensamento sistêmico. Muitas vezes não conseguimos analisar e entender os diversos postulados como parte de um todo coeso e indivisível. E, embora precisemos entendê-los separadamente, o processo de integração dos diversos corpos teóricos e práticos, a meu ver, é imprescindível.

Mas, como ocorre essa integração na prática? Analisemos a família Souza. A mãe procura terapia para seu filho mais velho de 23 anos que, segundo ela, sempre foi muito rebelde e que, mais recentemente, tem se comportado muito agressivamente em relação aos pais e irmãos.

A família é constituída pelo pai, 55 anos, engenheiro aposentado; a mãe, 48 anos — nunca trabalhou fora de casa — e por três filhos: Rodrigo, 23 anos (paciente identificado), Sílvia, 21 anos e Felipe, 15 anos, todos estudantes.

Vários dados sobre a família emergiram numa primeira entrevista, a que estavam todos presentes. Os relatos da mãe se alternaram entre descrever a agressividade do filho mais velho e a passividade do marido. Em resposta às acusações da esposa, o marido expressou um meio sorriso, como se não estivesse levando a sério suas reclamações em relação a ele, e um ar preocupado quando ela falava da agressividade do filho.

Por sua vez, Rodrigo, ao ser rotulado de agressivo por sua mãe, mandava-a ficar quieta, dizendo que ela não entendia nada do que lhe estava ocorrendo. Face às reclamações da mãe quanto ao comportamento passivo/omisso do pai, Rodrigo parecia irrequieto, movimentando-se na cadeira e balançando a cabeça, em negação.

Sílvia disse que entendia o comportamento do irmão, mas os dois acabaram tendo uma discussão durante a entrevista, pois Rodrigo respondeu à afirmação da irmã dizendo que ela também não o entendia e era melhor que ficasse quieta. Sílvia não ficou quieta, e eles começaram então a discutir, cada um sendo rotulado pelo outro como o "mais estúpido dos homens e a mais estúpida das mulheres".

Felipe ficou em silêncio a maior parte da entrevista e referiu, quando solicitado pelo terapeuta, que não brigava com ninguém, embora tivesse muita vontade, algumas vezes; mas quando isso ocorria, ele preferia sair de casa. Durante o relato de Felipe, a mãe o interrompeu para dizer que ele foi sempre um menino muito calmo, muito sensato, o mais sensato da família, apesar de ser o mais novo.

Resumidamente, podemos dizer que o terapeuta que possui um conhecimento das abordagens sistêmicas pode, por exemplo, levar primordialmente em consideração as fronteiras que delimitam os subsistemas e intervir de modo a encorajar os pais a discutirem sobre suas diferenças e os filhos a tornarem-se aliados. O terapeuta adepto da abordagem proposta pelo Grupo de Milão, provavelmente, ao final de uma primeira entrevista sugeriria que Rodrigo mantivesse o seu comportamento, pois foi a maneira pela qual ele conseguiu ajuda para a família, pois ele pressentia que seus pais estavam em dificuldades e tinha a idéia errônea de que eles necessitavam de sua ajuda. Ou ainda, um terapeuta de orientação estratégica breve poderia focalizar a queixa da mãe e atender separadamente os pais, sugerindo-lhes que "simulassem" várias brigas entre si, na presença do filho mais velho. Paralelamente, o terapeuta poderia prescrever o sintoma de Rodrigo, encorajando-o a intensificar ainda mais a sua "rebeldia". Por outro lado, um enfoque predominantemente psicanalítico objetivaria ajudar a família a reconhecer as identificações projetivas que circulam entre os familiares, devido, talvez, à impossibilidade de cada um deles de introjetar os aspectos hostis e agressivos de suas personalidades, necessitando, portanto, identificarem-se projetivamente com esses aspectos em Rodrigo.

A abordagem adotada com essa família baseou-se num enfoque psicanalítico, mas incorporou elementos de todas as dimensões acima descritas.

No decorrer da terapia, tentei compartilhar com a família a compreensão que obtinha, através do processo de contratransferência, das dificuldades que estavam enfrentando. Grande parte dos esclarecimentos girou em torno do medo e repugnância que todos apresentavam em relação aos aspectos de hostilidade e agressividade que todos possuíam dentro de si. Essa postura tinha como finalidade capacitar os membros da família a sentirem-se participantes de uma situação comum a todos. Ao invés de localizarem a agressividade em Rodrigo, todos os demais poderiam relacionar-se com esse sentimento e identificar-se com ele.

Diante das interpretações oferecidas pelo terapeuta, a família pareceu sentir-se compreendida e forneceu mais dados sobre sua dinâmica. Em uma das sessões, Felipe relatou ser muito pesado para ele ser o bonzinho da família. Referiu sentir uma raiva intensa de seu irmão e que algumas vezes sentia que ia explodir, mas não conseguia dizer nada, ficava somente com um nó na garganta.

A mãe, face ao relato de Felipe, disse que essa dificuldade do filho mais novo era por causa da agressividade de Rodrigo.

O terapeuta utiliza, nesse momento, uma intervenção sistêmica estrutural, e pergunta a Felipe: "Como é que você consegue a atenção de sua mãe? Rodrigo consegue isso através de um comportamento que vocês dizem ser agressivo, e você?"

Felipe tenta dizer alguma coisa, mas sua mãe o interrompe. O terapeuta continua olhando para Felipe, encorajando-o a falar. Ele então relata que, sendo o bonzinho da família, todos se aproximavam dele, pois sempre tinha uma palavra amiga para todos, e todos sabiam que dele não receberiam agressividade alguma.

Sílvia diz em seguida: "Você fica quieto aí maninho, que, como caçula, você já tem bastante atenção."

O terapeuta comenta que Sílvia parece preocupada, pois se Felipe consegue ganhar mais atenção de seus pais, talvez vá sobrar menos ainda para ela. Sílvia diz que então não lhe sobrará nada, já que os irmãos recebem muito mais atenção do que ela, principalmente Rodrigo. E que, para ela, ficava somente a fama de mandona.

Surge nesse instante, através de uma intervenção basicamente estrutural, um pouco mais sobre o papel rígido que cada um deles desempenha na família. Parece necessário lidar com esse material sob uma perspectiva psicanalítica, a fim de compreendermos um pouco mais a fantasia compartilhada pelo grupo.

Terapeuta: — Então, cada um de vocês tem uma posição fixa dentro da família. Rodrigo é o agressivo, Sílvia é a mandona e Felipe o bonzinho. E talvez seja difícil ser outra coisa senão o bonzinho, a mandona e o agressivo.

Sílvia: — Difícil não, quase impossível. Às vezes, eu fico pensando que não sou mandona, ou talvez só mandona, que devo ser outra coisa além disso. Mas, mesmo quando eu tento sair dessa, quando falo com eles de modo mais carinhoso, ainda assim eles continuam me chamando de mandona.

Mãe: — É, eu posso enxergar direitinho, na nossa família, isso que você falou sobre as posições fixas de cada um de nós. Eu, por exemplo, sou vista como a dominadora e meu marido como o passivo.

Marido: — Não é bem assim... (silêncio). Bem, acho que é assim, sim. Com uma mulher como você, eu só posso ser passivo. Você não me dá chance de resolver nada. Você faz tudo, correndo na minha frente.

Marido e mulher começam então a discutir o que é que se iniciou primeiro, a passividade dele ou o comportamento dominador dela.

Terapeuta: — Fica difícil saber quem é o responsável pelo comportamento do outro, não é mesmo? Talvez todos assumam

essas posições porque todos vocês necessitam delas.
(Silêncio)

Sílvia: — É, eu acho que sei o que você está querendo dizer. Às vezes fico pensando como sou realmente, e daí me dá a impressão de que não sou nada além de mandona. Ah! mas nem gosto de pensar nisso. Numa das vezes que pensei nisso me deu uma sensação de... quer dizer... Hum!... de estar ficando louca. Eu achava que estava ficando louca.

(Silêncio)

Terapeuta: — Parece que o que Sílvia acabou de dizer faz sentido para todos vocês.

Mãe: — Sei lá. Nem sei mais o que pensar.

Rodrigo: — É, eu sinto uma coisa esquisita de vez em quando. Sei lá o que é...

Mãe: — A única coisa esquisita que você deve sentir é que você briga com todo mundo. Essa é a coisa esquisita que você deve sentir.

Todos passam então a acusar Rodrigo pelas brigas que ele provoca em casa. E, para quem estivesse presenciando essa cena, de longe, pareceria uma família unida conversando animadamente sobre algo muito interessante.

Cada um deles parece personificar os objetos internalizados denegridos do grupo. Deixar de desempenhar um papel estereotipado parece significar reintrojetar esse objeto e, até que isso aconteça, ficar meio perdido com uma sensação esquisita — ou de estar ficando louco, como relatou Sílvia. E esse sentimento parece trazer intensa ansiedade à família. Como modo mais simples de lidar com essa ansiedade, eles passam então a discutir sobre algo menos estressante, bastante conhecido por todos — a agressividade de Rodrigo. Nesse momento, após interpretar o que estava ocorrendo no grupo, o terapeuta intui ser necessário lidar também com a resistência da família, utilizando, embora de forma modificada, a epistemologia paradoxal proposta pelo Grupo de Milão.

Terapeuta: — Cada um de vocês parece necessitar dessas posições, caso contrário, sentir-se-ão confusos, perdidos e com a sensação de estarem ficando loucos. Talvez vocês não possam mudar isso, por enquanto, e necessitem continuar a se apresentarem como bonzinho, mandona, agressivo, dominadora e passivo.

Na sessão seguinte, a família fica em silêncio por algum tempo. A mãe diz então ao terapeuta: "Quando é que você vai começar a falar?"

O terapeuta sente-se confuso, sem saber o que responder. A mãe utilizou uma frase ambígua, pois no início das sessões anteriores haviam efetuado perguntas um ao outro, concernentes a quem seria o primeiro a falar. Por outro lado, a pergunta "Quando é que você vai começar a falar?" poderia também indicar que o terapeuta estava sendo percebido como se não estivesse oferecendo nada à família, até então.

Além disso, durante toda a sessão, revezadamente, cada um dos membros atacou o terapeuta. Rodrigo, em face de algumas colocações do terapeuta, sorria para o irmão com ar de deboche. Sílvia ficou em silêncio grande parte da sessão e, quando lhe perguntavam alguma coisa, respondia que naquela sessão tinha resolvido ficar quieta, só observando. Felipe recostou-se na cadeira e, de vez em quando, olhava o relógio como se estivesse torcendo para acabar logo a sessão. O pai referiu estar muito cansado e com dor de cabeça.

Parecia haver um pacto por parte de todos eles para que o terapeuta personificasse a hostilidade do grupo. Naquele momento, o terapeuta representava objetos maus e perseguidores, carregado de projeções de agressividade do grupo.

Durante essa fase da terapia, foi importante interpretar transferencialmente, indicando como a família estava lidando com o terapeuta de modo semelhante ao que habitualmente fazia com Rodrigo. A tarefa do terapeuta, nesse período, foi a de retransmitir à família, de forma digerível, os componentes agressivos do grupo e suas fantasias em relação a eles.

A técnica de escalonamento de estresse, formulada pela abordagem estrutural, foi também de grande valia, à medida que encorajava o diálogo entre as diversas díades, quando então cada um dos membros podia vivenciar o ser agressivo, mandão, dominador e passivo em seu próprio interior, e não somente identificados projetivamente no outro.

No exemplo acima, espero ter ilustrado como os vários enfoques podem ser empregados para que possamos entender e trabalhar com as várias camadas existentes no interior de uma família.

Espero ter deixado clara a idéia de que nenhuma das abordagens é mais correta ou melhor do que a outra, mas que se complementam numa interação dinâmica. Não seria, pois, muito surpreendente, que existissem notáveis similaridades entre as duas escolas.

Tanto a teoria das relações objetais como a teoria sistêmica se desenvolveram num mesmo período e foram formuladas, acredito, em resposta à insuficiência das teorias que esses dois modelos teórico-práticos tentaram reestruturar.

Ambas as teorias se desenvolvem a partir da insatisfação com a teoria freudiana clássica e com o modelo de reforço descrito pela teoria comportamental. Tanto os postulados sistêmicos como os da teoria das relações objetais possuem concordância mútua à medida que enfatizam padrões de interação, intensificam as noções básicas de interação e de progressiva diferenciação e autonomia.

Podemos observar também outras semelhanças entre esses dois modelos, a respeito dos mecanismos que definem os padrões de interação. A teoria das relações objetais aplicadas à família considera esse grupo como campo fértil para crescimento de seus membros. Através dos mecanismos de identificação projetiva e introjetiva, as partes repudiadas e negadas do Eu podem ser reintegradas. Esses mesmos mecanismos, porém, podem ser utilizados como uma maneira de evitar conflitos e de repetir compulsivamente padrões de interação.

Embora não levando em consideração a linguagem dos sentimentos e emoções e o mundo intrapsíquico da família, a teoria sistêmica parece descrever mecanismos semelhantes através dos termos homeostase, transformação e *feedback* positivo e negativo.

Além disso, no que concerne à patologia ou aos padrões disfuncionais de interação, ambas as escolas estão em concordância ao enfatizarem que é a rigidez, a ausência de flexibilidade na utilização dos mecanismos citados acima, que determina a disfunção ou patologia de um sistema.

No tocante ao processo terapêutico, apesar de as escolas sistêmica e psicanalítica contrastarem fortemente quanto ao determinismo psíquico, antecedentes históricos e técnicas terapêuticas, alguns fatores são enfatizados igualmente por ambas: a) clarificação da comunicação; b) encojaramento de individualização; c) proporcionar um clima de continência e aprendizado; e d) ajudar no processo de clarificação das dificuldades.

Um contraste marcante entre as duas escolas se fundamenta, contudo, no conceito de mudança, ou seja, no que se objetiva mudar através da terapia. A escola sistêmica visa predominantemente mudar a seqüência de comportamentos entre os membros da família. A psicanalítica, por outro lado, objetiva principalmente entender e alterar o estado mental da família, caracterizado pelas fantasias inconscientes compartilhadas por todos os membros.

Tais objetivos, no entanto, não são determinados simplesmente de acordo com a disfunção apresentada pelo grupo, mas sobretudo pela nossa personalidade terapêutica.

A nossa arte, a postura e o estilo como terapeutas estão sempre conosco, determinando nossos objetivos e o processo terapêutico com as famílias e casais a que nos propomos atender. Não podemos, portanto, argumentar sobre a técnica correta *versus* disfunção do sistema. É um campo muito complexo para ser resolvido de modo tão simplista.

O grande desafio está, talvez, em descobrir com cada família ou casal um encaixe harmonioso entre o estilo e motivações da família e o nosso estilo e motivações como terapeutas. É a qualidade idiossincrática desse relacionamento que, a meu ver, dá forma ao resultado final.

E aqui nos deparamos com o que acredito ser o princípio organizador no qual se fundamenta a terapia de família ou casal, ou seja, a possibilidade de vivenciar com o terapeuta e subseqüentemente entre os membros, um relacionamento genuíno e confiável, onde predominam o respeito e o entendimento.

O processo de terapia envolve, sobretudo, um relacionamento real entre a família e o terapeuta. E é esse relacionamento que fornece uma oportunidade para a família ou casal reconstruir a autonomia e individualidade de seus membros.

Para entendermos um filme de Bergman não podemos, diante da tela, perder-nos com lembranças sobre os antecedentes históricos do escritor. Necessitamos, sim, tentar vivenciar com os personagens os dramas, conflitos e medos que caracterizam a trama proposta pelo diretor. Posteriormente podemos nos interessar em conhecer a biografia do diretor, para entendermos um pouco mais sobre seus personagens e o drama que nos contou.

O processo terapêutico envolve algo semelhante. Quando estamos diante de uma família ou casal é preciso, acredito, tentar vivenciar junto com eles seus conflitos, sofrimentos e motivações. É a experiência profunda do próprio terapeuta diante da família que oferece entendimento sobre a realidade interna e externa do grupo.

Inevitavelmente, o terapeuta precisa distinguir se as emoções evocadas nele durante a terapia são provenientes de seu próprio mundo interior, ou se são geradas pelos conflitos e sentimentos inconscientes do grupo familiar, nele projetados.

Essa tarefa não é fácil, e nem todos os terapeutas são capazes de desempenhá-la com eficácia, sobretudo aqueles que resistem em submeter-se à experiência de análise, ou que escolheram ser terapeutas de família e casal como uma forma de lidar inapropriadamente com conflitos não resolvidos em suas próprias famílias de origem.

Aqui nos confrontamos com processos que transcendem o aprendizado e a aplicação de técnicas. E esses processos não são alcançados simplesmente porque os desejamos. Transcender uma técnica tem o seu próprio ritmo e, talvez, o seu início quando começamos a analisar uma verdade do modo sugerido pelo filósofo oriental Khalil Gibran:

> "... Não digais: 'encontrei a verdade'. Dizei de preferência: 'encontrei uma verdade'.
> Não digais: 'encontrei o caminho da alma'. Dizei de preferência: 'encontrei a alma andando em meu caminho'.
> Porque a alma anda por todos os caminhos.
> A alma não marcha numa linha reta nem cresce como um caniço.
> A alma desabrocha, tal um lótus de inúmeras pétalas."

BIBLIOGRAFIA

Ackermann, N. (1966), *Treating the troubled family*, Basic Books, Nova York.

NOVAS BUSCAS EM PSICOTERAPIA
VOLUMES PUBLICADOS

1. *Tornar-se presente — Experimentos de crescimento em Gestalt-terapia* — John O. Stevens.
2. *Gestalt-terapia explicada* — Frederick S. Perls.
3. *Isto é Gestalt* — John O. Stevens (org.).
4. *O corpo em terapia — a abordagem bioenergética* — Alexander Lowen.
5. *Consciência pelo movimento* — Moshe Feldenkrais.
6. *Não apresse o rio (Ele corre sozinho)* — Barry Stevens.
7. *Escarafunchando Fritz — dentro e fora da lata de lixo* — Frederick S. Perls.
8. *Caso Nora — consciência corporal como fator terapêutico* — Moshe Feldenkrais.
9. *Na noite passada eu sonhei...* — Medard Boss.
10. *Expansão e recolhimento — a essência do t'ai chi* — Al Chung-liang Huang.
11. *O corpo traído* — Alexander Lowen.
12. *Descobrindo crianças — a abordagem gestáltica com crianças e adolescentes* — Violet Oaklander.
13. *O labirinto humano — causas do bloqueio da energia sexual* — Elsworth F. Baker.
14. *O psicodrama — aplicações da técnica psicodramática* — Dalmiro M. Bustos e colaboradores.
15. *Bioenergética* — Alexander Lowen.
16. *Os sonhos e o desenvolvimento da personalidade* — Ernest Lawrence Rossi.
17. *Sapos em príncipes — programação neurolingüística* — Richard Bandler e John Grinder.
18. *As psicoterapias hoje — algumas abordagens* — Ieda Porchat (org.)
19. *O corpo em depressão — as bases biológicas da fé e da realidade* — Alexander Lowen.
20. *Fundamentos do psicodrama* — J. L. Moreno.
21. *Atravessando — passagens em psicoterapia* — Richard Bandler e John Grinder.
22. *Gestalt e grupos — uma perspectiva sistêmica* — Therese A. Tellegen.
23. *A formação profissional do psicoterapeuta* — Elenir Rosa Golin Cardoso.
24. *Gestalt-terapia: refazendo um caminho* — Jorge Ponciano Ribeiro.
25. *Jung* — Elie J. Humbert.
26. *Ser terapeuta — depoimentos* — Ieda Porchat e Paulo Barros (orgs.)
27. *Resignificando — programação neurolingüística e a transformação do significado* — Richard Bandler e John Grinder.

28. *Ida Rolf fala sobre Rolfing e a realidade física* — Rosemary Feitis (org.)
29. *Terapia familiar breve* — Steve de Shazer.
30. *Corpo virtual — reflexões sobre a clínica psicoterápica* — Carlos R. Briganti.
31. *Terapia familiar e de casal* — Vera L. Lamanno Calil.
32. *Usando sua mente — as coisas que você não sabe que não sabe* — Richard Bandler.
33. *Wilhelm Reich e a orgonomia* — Ola Raknes.
34. *Tocar — o significado humano da pele* — Ashley Montagu.
35. *Vida e movimento* — Moshe Feldenkrais.
36. *O corpo revela — um guia para a leitura corporal* — Ron Kurtz e Hector Prestera.
37. *Corpo sofrido e mal-amado — as experiências da mulher com o próprio corpo* — Lucy Penna.
38. *Sol da Terra — o uso do barro em psicoterapia* — Álvaro de Pinheiro Gouvêa.
39. *O corpo onírico — o papel do corpo no revelar do si-mesmo* — Arnold Mindell.
40. *A terapia mais breve possível — avanços em práticas psicanalíticas* — Sophia Rozzanna Caracushansky.
41. *Trabalhando com o corpo onírico* — Arnold Mindell.
42. *Terapia de vida passada* — Livio Tulio Pincherle (org.).
43. *O caminho do rio — a ciência do processo do corpo onírico* — Arnold Mindell.
44. *Terapia não-convencional — as técnicas psiquiátricas de Milton H. Erickson* — Jay Haley.
45. *O fio das palavras — um estudo de psicoterapia existencial* — Luiz A.G. Cancello.
46. *O corpo onírico nos relacionamentos* — Arnold Mindell.
47. *Padrões de distresse — agressões emocionais e forma humana* — Stanley Keleman.
48. *Imagens do self — o processo terapêutico na caixa-de-areia* — Estelle L. Weinrib.
49. *Um e um são três — o casal se auto-revela* — Philippe Caillé
50. *Narciso, a bruxa, o terapeuta elefante e outras histórias psi* — Paulo Barros
51. *O dilema da psicologia — o olhar de um psicólogo sobre sua complicada profissão* — Lawrence LeShan
52. *Trabalho corporal intuitivo — uma abordagem Reichiana* — Loil Neidhoefer
53. *Cem anos de psicoterapia... — e o mundo está cada vez pior* — James Hillman e Michael Ventura.
54. *Saúde e plenitude: um caminho para o ser* — Roberto Crema.
55. *Arteterapia para famílias — abordagens integrativas* — Shirley Riley e Cathy A. Malchiodi.
56. *Luto — estudos sobre a perda na vida adulta* — Colin Murray Parkes.
57. *O despertar do tigre — curando o trauma* — Peter A. Levine com Ann Frederick.
58. *Dor — um estudo multidisciplinar* — Maria Margarida M. J. de Carvalho (org.).
59. *Terapia familiar em transformação* — Mony Elkaïm (org.).
60. *Luto materno e psicoterapia breve* — Neli Klix Freitas.
61. *A busca da elegância em psicoterapia — uma abordagem gestáltica com casais, famílias e sistemas íntimos* — Joseph C. Zinker.
62. *Percursos em arteterapia — arteterapia gestáltica, arte em psicoterapia, supervisão em arteterapia* — Selma Ciornai (org.).
63. *Percursos em arteterapia — ateliê terapêutico, arteterapia no trabalho comunitário, trabalho plástico e linguagem expressiva, arteterapia e história da arte* — Selma Ciornai (org.)
64. *Percursos em arteterapia — arteterapia e educação, arteterapia e saúde* — Selma Ciornai (org.)